読めばすっきり！
よくわかる天皇家の歴史

河合 敦

角川SSC新書

はじめに

日本史にたずさわりながら、私は「天皇」という存在について深く考えたことはなかったし、天皇を正面から取り上げた本を書いたことがなかった。いや、あえて避けてきたというのが本当のところだ。

天皇については、強力なイデオロギーがその周囲を取り巻いており、天皇に触れることで自分の思想的な立ち位置を明らかにしなくてはならないという、厄介さのようなものを感じていたのである。

私の学生時代、歴史学は実証主義の全盛期にあたり、「歴史というのは、できるだけ時のイデオロギーを廃し、残存する史料などを正確に分析して論証するものだ」と教わってきたし、実際、そのような姿勢でこれまで歴史を著述してきたつもりである。

そんな私が今回、あえて「天皇家の歴史」を書こうと思い立ったのは、「日本人にとって天皇という存在は、いったい、いかなるものなのだろうか」ということを、深く考えるようになったからである。

そのきっかけは、二〇一一年三月十一日に発生した東日本大震災であった。

未曾有の自然災害が東北地方を襲った翌月、津波で甚大な被害をこうむった南三陸町に、天皇・皇后両陛下が自衛隊のヘリで降り立った。そのときの映像が、テレビの画面に大きく映し出された。

両陛下は、体育館に避難している南三陸町の人々に近づき、自ら膝をついて誠実に、そして真摯に被災者を励まされていた。被災者のその多くが、温かい励ましの言葉をもらい、涙を流して感謝していた。菅直人総理大臣など、閣僚の訪問時とは雲泥の差であった。

さらに次の場面では、そんな両陛下が被災地を視察し、津波で瓦解した市街地に向かって黙礼する姿が大写しになった。

これを目にしたとき、私ははからずも、胸が熱くなってしまった。

「天皇は常に日本国民とともにあり、国民のことを深く思っているのだ」

ということが、この映像を通して私の心に強く響いてきたからである。

ただ、考えてみれば、不可思議なことであろう。国民統合の象徴といっても、いまの天皇に、政治的な権限があるわけではない。しかも、民主主義国家であり、人間平等の観念が広く行き渡っている現代の日本において、なぜ日本人は、これほどまでに天皇という存在を敬愛し、尊《そん》崇《すう》するのだろうか。

ただ、歴史的にいえば、天皇が政治権力を持たないというのは、いまにはじまったことではない。じつは、長い日本の歴史のなかで、むしろ天皇が実権を握って政治を動かしていた時期のほうがずっと少ないのである。そんな存在であるにもかかわらず、どうして天皇家は権威を失わず、千数百年もの間、絶えずに続いてきたのだろうか。

そうした数々の疑問がわき起こり、私は天皇家の歴史について調べはじめた。

参考文献は星の数ほどあったが、その多くが専門的で難解だったり、膨大で分厚い本だった。また、適切な分量だと思って手にした本の多くは、歴代天皇の略歴が記された無味乾燥なものであった。まことに意外ながら、天皇家の歴史をコンパクトにわかりやすくまとめてある本、天皇や皇子の意外な逸話やエピソードが楽しめる書籍が存在しないのだ。

そこで、本書を執筆することを思い立ったのである。

ある面、日本史は、天皇家の歴史だといってもよい。実権を握った時代が長くないといっても、天皇なくして日本の政治権力は存続できなかったからである。

摂関政治は、天皇の外戚になることではじめて政治を主導できた。

鎌倉幕府は、武家政権といいながら、天皇家の皇子を将軍として擁立しつつ運営されていた。

豊臣秀吉は、関白や太政大臣という朝廷の職に就き、後陽成天皇の前で諸大名に自分への忠誠を誓わせるなど、天皇の威光を背景に政権の正統性を主張した。

また、徳川家の当主を征夷大将軍に任じるのは天皇の役目であり、将軍に就くことなく、武家政権である幕府は開設できなかった。薩長を中心とする新政府も、天皇の軍隊であることを証明する錦の御旗をかかげ、日本を統一していったのである。

このように、日本史のすべてにおいて、天皇の存在は不可欠になっているのだ。つまりは、天皇家の歴史を知らずして、日本の歴史を語ることはできないのである。

本書の特徴は、たった一冊で天皇家の歴史がわかりやすく理解できるとともに、皇后や皇子など天皇家の人々についても大きく取り上げたところである。きっと本書を読むことで、天皇家の歴史がすっきり理解していただけると思う。ぜひこれを機に、天皇家に興味を持っていただければ幸いである。

平成二十四年九月

河合　敦

目次

第一章　古代の天皇

弥生時代～平安・摂関期

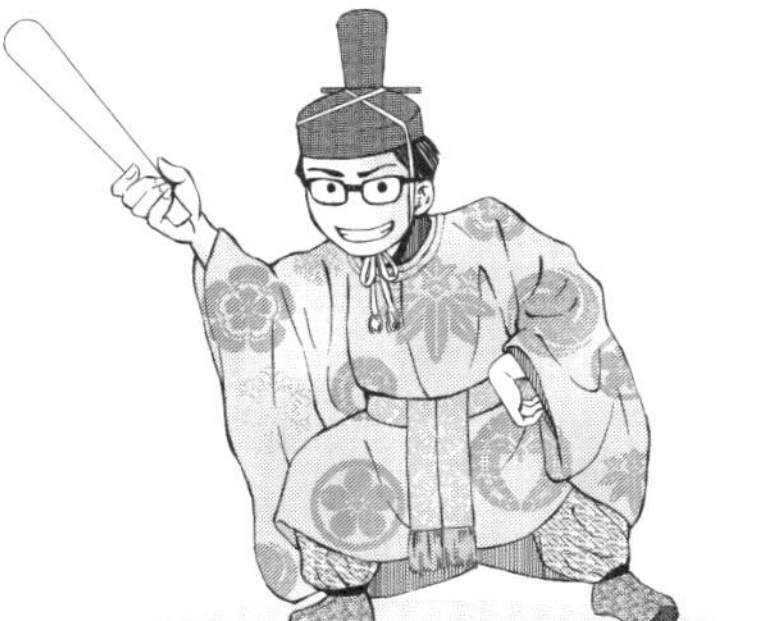

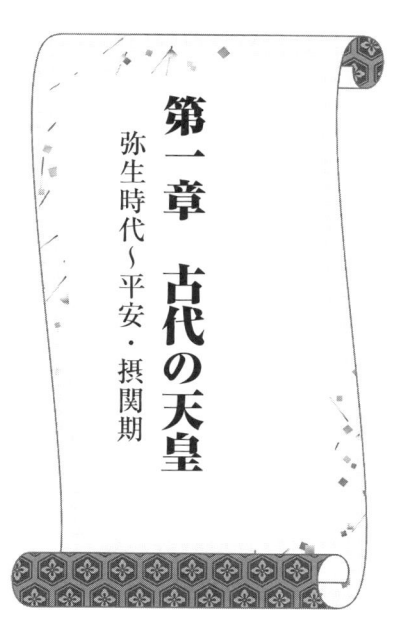

古代の天皇と一口にいっても、時代によってその性格は大きく異なる。

全国政権である**ヤマト政権**（大和朝廷・倭王権）が畿内に成立するのは三世紀後半あたりで、四世紀中頃までには東北地方中部までその支配はおよんだと考えられている。ヤマト政権は、近畿地方を中心とする豪族たちの連合政権で、この政権のリーダーが**「大王《おおきみ》」**、のちの天皇である。ただ当初は、大王家は特定の家柄ではなく、複数の豪族が交互に大王に就いていたとする説もある。

けれども、やがて大王は一つの家柄に固定され、ヤマト政権に仕える豪族（氏）に、大王が「姓《かばね》」と呼ぶ政権内での地位を与えるという支配の仕組みが確立される。これが**氏姓《しせい》制度**である。

大王の性格だが、はじめは呪術《じゅじゅつ》を掌《つかさど》る司祭者的なものであったが、全国を平定していく過程で、武人的な性格へと変化していったことが、古墳の副葬品などから判明する。

古墳・飛鳥・奈良時代は、中国（隋・唐）との関係がヤマト政権に大きく影響した。中央集権的な律令国家である強大な**隋**や**唐**が誕生すると、我が国でも天皇を中心とする体制が構築されていく。**中大兄皇子**が蘇我氏を滅ぼしたり、大宝元年（七〇一）に**大宝律令《たいほうりつりょう》**を制定したり、奈良時代の歴代天皇が**遣唐使**を派遣して大陸文化を吸収したのも、強大な中国に飲み込まれず、独立を保つためであったといえる。この時期の天皇は全般的に強大であった。「天下の富を有つ者は朕《ちん》なり」といい切って東大寺の**大仏**を造り上げた**聖武天皇**は、その典型だろう。

なお、**天武天皇**の時代に**「天皇」**という言葉が使いはじめられ、天皇の神格化がはじまった。神が地上に降誕してその子孫が天皇になったといった、神話時代の天皇の物語もこの時期に整理されたようだ。とくに天武は、大友皇子から武力で皇位を奪った簒奪者であることを隠し、自分の行為を正当化するため、史書である**『日本書紀』**の編纂を命じたとされる。

奈良時代から藤原氏（北家）の力が強大化するが、平安時代中期になると、他氏を排斥して天皇の外戚（母方の親戚）の地位を独占するようになる。そして藤原氏の当主（氏長者《うじのちょうじゃ》）が**摂政**や**関白**という職について、天皇を奉じて政治を主宰する**摂関政治**がはじまるのである。

こうした形態が成立したのは、平安時代の結婚制度と大きく関係する。貴族の夫婦は同居せず、男が女の家に通うのが一般的だった。天皇も複数の妻の家に通ったが、生まれた子（皇子）は母の家で育てられた。貴族の男たちは母方の屋敷に同居していたから、必然的に皇子は外戚の影響下におかれたのだ。摂関政治下での天皇は、摂関家の庇護のもとにおかれ、あまり表に出なくなり、朝廷の象徴的な存在となっていった。簡単にいえばお飾りである。

政務は摂政関白が代行しており、人事権についても、じっさいは天皇個人が自己裁量で決めることはほとんどできない状態になってしまったのである。

1　天皇の登場と大化の改新

▼天孫降臨とヤマト政権の成立

大和地方を中心にして豪族たちの連合政権が生まれた。四世紀中頃までにはこの政権は、九州から東北までを勢力下に組み込んだようだ。この連合政権をヤマト政権（倭王権）などと呼ぶが、政権の盟主（リーダー）となったのが大王《おおきみ》である。そしてこの大王が、やがて天皇と呼ばれるようになっていくのである。

『日本書紀』や『**古事記**』などに載る神話によれば、初代天皇は**神武天皇**ということになっている。ただ、この方は、ふつうの人間ではない。神様の子孫だという。

日本古来の神話によると、もともと世界はすべてが混沌としていた。しかしやがて陰と陽が分かれ、天と地になった。さらに天上界の高天原《たかまがはら》に三神が出現し、**イザナギ**と**イザナミ**の兄妹神を生んだ。兄と妹ではあったが、二人は交わりを結んで次々と新しい島を誕生させていった。こうしてできたのが**豊葦原瑞穂国**《とよあしはらみずほのくに》、すなわち日本列島なのだとされる。その後この兄妹は、**アマテラス**（太陽）、ツクヨミ（月、暦）、**スサノオ**（荒ぶる神）など、神々をどんどんと産んでいくのだが、火の神を生んだとき、なんと、イザナミはホト（性器）を焼かれて死んでしまったのである。

残ったイザナギは、娘のアマテラスに高天原の支配をまかせたが、彼女の弟・スサノオが天上界で悪事を繰り返したため、怒ったアマテラスは、天岩戸の中に姿を隠してしまう。アマテラスは太陽の化神でもあった。このため世界が真っ暗になってしまったので、困った神々は祭りや踊りで彼女の興味を引き、彼女が少し戸をあけたとき、力持ちの神・タヂカラオがこれを全開にし、ようやく岩戸から招き出した。なお、悪さを繰り返したスサノオは、神々によって高天原から追放されてしまった。

このためスサノオは豊葦原瑞穂国の出雲に降臨し、人々を困らせていたヤマタノオロチを退治し、以後、スサノオの子孫・**オオクニヌシ**が、他の神たちと協力して地上界を支配するようになった。

しかし天上界のアマテラスは、自分の子孫である**ヒノホニニギ**に**三種の神器**を与えて地上の支配を命じたのだ。そこでヒノホニニギは、豊葦原瑞穂国の日向《ひゅうが》に降り立った。

これを知ったオオクニヌシは、ヒノホニニギに国を譲ることを決意。以後、ヒノホニニギの子孫がこの国を支配することになった。そしてヒノホニニギから数えて四代目が神武天皇なのだとする。

いうまでもないことだが、この神話は史実ではない。

これ以後も天皇は、**綏靖**《すいぜい》、**安寧**《あんねい》、**懿徳**《いとく》、**孝昭**《こうしょう》、**孝安**《こうあん》、**孝霊**《こうれい》、**孝元**《こうげん》、**開化**《かいか》、**崇神**《すじん》、**垂仁**《すいにん》、**景行**《けいこう》、**成務**《せいむ》、**仲哀**《ちゅうあい》と綿々と続いていくが、このあたりまではその実在がかなり疑わしいようだ。次の第十五代**応神天皇**《おうじん》あたりから実在の天皇だと考える学者が多い。ただ、応神についても怪しく、第二十六代**継体天皇**《けいたい》あたりからが実在の天皇だとする説もある。

継体天皇は六世紀前半に在位した天皇。それより二百年以上前にヤマト政権は成立しているわけだから、歴代天皇の名前やその活躍は架空であったり、もしかしたら血縁関係にないのかもしれないが、天皇（大王）が代々存在したのは間違いないと考えられる。

近年、奈良県桜井市の**纒向遺跡**《まきむく》が注目を集めている。もともとヤマト政権の豪族の墓である最古の前方後円墳がいくつもあり、ヤマト政権の発祥地ではないかといわれてきた。ところが最近、**卑弥呼**時代の大きな建築物も続々見つかっており、**邪馬台国**がこの地にあり、それがヤマト政権という全国政権に発展していったのではないかという説が強まっているのだ。纒向遺跡の**箸墓古墳**《はしはか》は卑弥呼の墓だとする伝承もある。とすると、卑弥呼はかつてヤマト政権の大王だったのかもしれない。

ところでヤマト政権の仕組みだが、五世紀あたりに次第に整っていったようだ。豪族たちは血縁関係を中心とした**氏**《うじ》と称する組織に編成され、その代表である氏上《うじのかみ》が、構成員である氏人《うじびと》たちを率いて政権の職務を分担した。大王は、各豪族たちに**姓**《かばね》という政権内での地位を示す称号を与えた。有力な畿内の中央豪族には、**臣**《おみ》や**連**《むらじ》という姓が与えられた。地方の有力豪族には**君**《きみ》、地方豪族には**直**《あたえ》などの姓が付与された。

なお、大王のもとで中央の政治を担う役職が**大臣**《おおおみ》・**大連**《おおむらじ》である。この最高職は、臣や連姓を持つ中央豪族から選出されることになっていた。さらに閣僚クラスの役職として**伴造**《とものみやつこ》があり、伴造らは**伴**《とも》やそれをささえる**部**《べ》と呼ばれる実務官僚を率いて、行政や財政や外交、軍事の仕事をおこなったのである。

いっぽう、君の姓を持つ地方の有力豪族は、ヤマト政権から**国造**《くにのみやつこ》といった役職をもらい、地方における支配を保障された。こうした支配の仕組みを氏姓《しせい》制度と呼ぶが、このシステムが整いはじめた五世紀には、五人の大王が中国の南朝（主に宋）に使者を派遣して朝貢《ちょうこう》外交をおこなっている。俗に彼らを**倭**《わ》**の五王**と呼ぶが、ヤマト政権は当時、朝鮮半島南部の主導権をめぐって**高句麗**《こうくり》と争っており、どうしても南朝の後ろ盾が欲しかったのである。

中国側の記録では、五王の名は、**讃**《さん》・**珍**《ちん》・**済**《せい》・**興**《こう》・**武**《ぶ》となっている。済は**允恭**《いんぎょう》**天皇**（十九代）、興は**安康**《あんこう》**天皇**（二十代）、武は**雄略**《ゆうりゃく》**天皇**（二十一代）であることは研究者の間でほぼ一致しているが、讃と珍については諸説あり特定ができていない。

なお、埼玉県の**稲荷**《いなり》**山**《やま》**古墳**出土の鉄剣銘には「**獲加多支鹵**《ワカタケル》**大王**」という文字が刻まれている。『古事記』や『日本書紀』では雄略天皇を「大長谷若建命《オオハツセワカタケルノミコト》」「大泊瀬幼武尊《オオハツセノワカタケルノミコト》」と記されていることから、獲加多支鹵大王は雄略天皇だと判明する。鉄剣には四七一年の銘が入っており、銘文には古墳の埋葬者が先祖代々大王家に仕えたことが記されている。ちなみに雄略天皇は、多くの兄や親族を殺害して強引に皇位についたとされ、反乱の鎮定や朝鮮への出兵などの戦いに明け暮れ、即位後、多数の人間を処刑するなどしたため、大悪天皇と呼ばれている。ただ、こうした逸話はすべて『古事記』や『日本書紀』が出典となっており、史実かどうかは疑わしい。

▼神武天皇をはじめとする神話時代の天皇

神々が住まう天上界の高天原、その最高神であるアマテラス（天照大神）は、オオクニヌシ（大国主命）から葦原中国《アシワラノナカツクニ》（地上界）の支配権をもらい受け、孫の瓊瓊杵尊《ニニギノミコト》に三種の神器を授けて日向の高千穂《たかちほ》へ遣わした。ヒノホニニギ（瓊瓊杵尊）は、木花之開耶姫《コノハナサクヤヒメ》と結婚して山幸彦《ヤマサチヒコ》をつくり、山幸彦は海神の娘・豊玉姫《トヨタマヒメ》との間に鸕鷀草葺不合尊《ウガヤフキアヘズノミコト》をもうけた。

さらに鸕鷀草葺不合尊は、叔母玉依姫《タマヨリヒメ》と結婚して**磐余彦尊**《イワレヒコノミコト》をつくったが、この磐余彦尊こそが、のちの神武《じんむ》天皇である。

甲寅《こういん》の年、磐余彦尊は兄や子供たちと日向を船で発し、東征を開始する。船は、瀬戸内海を進んで河内の白肩の津に着くが、長髄彦《ナガスネビコ》の反撃にあって撤退を余儀なくされる。そこで磐余彦尊は、紀伊へ迂回して熊野の荒坂津から侵攻、諸兄を失いながらも戦いを続けて大和へ入った。

ついで各地の敵を滅ぼしていったが、最大のライバル長髄彦は、瓊瓊杵尊を天孫だと認識した饒速日命《ニギハヤヒノミコト》によって討たれた。

磐余彦尊は、畝傍山《うねびやま》のふもと橿原を本拠とし、媛蹈鞴五十鈴媛尊《ヒメタタライスズヒメノミコト》を皇后に迎え、辛酉《かのととり》の年に即位した。以後、磐余彦尊は始馭天下之《ハックニシラス》天皇《スメラミコト》（神武天皇）と称し、その子孫が代々我が国を支配することになった。神武は在位七十六年ののち百二十七歳で崩御、畝傍山東北陵に葬られたと伝えられる。神武の即位を辛酉とするのは、古代中国の辛酉《しんゆう》革命説に基づいており、その帳尻をあわせるため、初期十数代の天皇は百歳を超える長生なのだとされる。なお神武天皇を崇《す》神《じん》・応神《おうじん》・仁徳《にんとく》天皇と同一人物とみなす説もある。

第十代**崇《す》神《じん》天皇**は、『古事記』では「所知初国」、『日本書紀』では「御肇国天皇」と記され、いずれも「ハツクニシラス」と読む。これは「初めて国を統治した」という意味であり、崇神が初代の天皇であることを示している。とすれば、「始馭天下之《ハックニシラス》天皇」の名を有する神武天皇と重なってしまう。そのため学者のなかには、初代天皇は崇神であり、神武は皇室の起源を古く見せるため、『記紀《きき》』が創り上げた人物だと主張する者もある。崇神は、各地に将軍を派遣して国内平定を進め、調《ちょう》などの税制度を整え、多くの池溝を開いた。宮内に祀られていた天照大神を笠縫邑《かさぬいむら》に遷し、三輪山の神をはじめて祀ったのも崇神だと伝えられる。

第十四代**仲哀天皇**が急死した後、**神功皇后**は妊娠したまま三韓（朝鮮半島）征伐に向かうが、そんな彼女の胎内にいたのが誉田別尊《ホムタワケノミコト》（のちの第十五代**応神天皇**）である。なんと、神功皇后《じんぐうこうごう》は腹に石をあて、身体を冷やして出産を遅らせたという。すごい女傑だ。

その帰路、神功皇后は筑紫（九州）で誉田別尊を出産したのだった。

彼女が都に戻ると、誉田別尊の異母兄である麛坂王《かごさかおう》と忍熊王《おしくまおう》がクーデターを起こしたが、神功皇后はこれを平定し、以後、河内（大阪府）に王朝を樹立して長年朝廷を支配することになったとある。

誉田別尊は、皇太子として母親の政権を支えたが、七十一歳のときようやく即位して応神天皇となり、百十歳で死去したという。もちろん史実とは思えない。

五世紀に中国へ使節を派遣した倭の五王・讃は、応神に比定する説がある。また、応神と**仁徳天皇**（応神の子）の経歴が非常に似通っていることから、二人を同一人物だと見る学者もいる。

そんな仁徳天皇は、第十六代天皇である。

大山守皇子《オオヤマモリノミコ》が菟道稚郎子皇子《ウジノワキイラツコ》（応神天皇の皇太子）を暗殺しようとしている事実を知った皇太子の異母兄・大鷦鷯尊《オオサザキノミコト》（後の第十六代仁徳天皇）は、計画を菟道稚郎子に告げた。そのお陰で難を逃れることができた菟道稚郎子は、帝位を大鷦鷯尊に譲ろうとするが、大鷦鷯尊が拒み、互いに皇位を譲り合って三年の月日が流れたという。

最後は譲位のために菟道稚郎子がみずから命を絶ってしまい、大鷦鷯尊が即位することになった。

仁徳天皇はあるとき山上から眼下を眺め、炊煙が立ち上らないことで庶民の困苦を知り、三年間にわたり税を免除した。ために人びとは仁徳を「聖帝」と呼んでその善政を讃えた。なお、百舌《もず》古墳群の最大古墳が仁徳天皇陵と比定されるが、これを疑問視する声もある。

▼推古朝と大化の改新

天皇は万世一系というが、じつは**武烈《ぶれつ》天皇**ののち、いったん大王家（天皇家）が途絶えた可能性があるのだ。

武烈天皇には皇子が生まれず、近親者にも男児がなかったので、時の実力者で大連の**大伴金《おおとものかな》村《むら》**が男大迹王《オオドノオオキミ》（袁本杼命《オオドノミコト》）という人を越前国高向から連れてきて皇位にすえた。それが**継体天皇**である。

継体天皇は、応神天皇五世の孫という。応神天皇は武烈天皇の十代前の天皇だ。つまり、武烈の後継者となった継体天皇は、皇族の血筋を受け継いでいるといいながら、武烈とはほとんど赤の他人といってよいのである。

しかもこの継体天皇、宮（居住地）を河内国や山背国におき、ヤマト政権の本拠地・大和国に入るまで二十年の歳月を要している。このことから中央豪族の反対があった可能性や継体がまったく大王家とは関係なく、越前から長年かけてヤマト政権を制圧して新たな大王家を形成したとする説もある。さらにいえば、そもそもこれ以前の大王というのは、中央豪族のうち複数の家柄によって輩出されていたのだと主張する学者もいる。

ちなみに近年、継体天皇の陵墓が注目を集めている。継体の墓の発掘調査が進展しているからである。

これを聞いて驚く方もあるだろう。というのは、陵墓は宮内庁が厳重に管理していて、内部への立ち入りさえもなかなか許されていないというのが常識になっているからだ。

確かに宮内庁は、陵墓への立ち入り調査を厳しく制限しており、発掘調査など絶対に許していない。

ではなぜ、継体天皇の陵墓が発掘されているのか。

じつは私がいっているのは、本当の継体天皇の墓のことである。

現在、宮内庁が管轄している陵墓やその可能性がある陵墓参考地は、江戸時代から明治時代にかけて比定されたもので、当人の墓かどうか怪しいものが相当含まれている。

継体天皇の陵墓は、大阪府茨木市の太田茶臼山古墳に比定されているが、この古墳の宮内庁管理区域外を大阪府教育委員会や茨木市教育委員会が調査したところ、五世紀半ばの遺物が発見されており、六世紀前半に没した継体の陵墓ではないことが判明している。つまり継体の陵墓は、誤っているのである。そんな太田茶臼山古墳からわずか一・三キロ離れた地点に今城塚《いましろづか》と呼ぶ古墳が現存する。六世紀前半に築かれた淀川北岸における最大の前方後円墳だ。墳丘は百九十メートルで二重の濠をめぐらし、総長は三百五十メートルにもなる。宮内庁が陵墓に指定していないため、平成九年から高槻市教育委員会によってたびたび発掘がなされ、出土した形象埴輪は、家屋や人物、大刀や盾などが列状に計画的に配列され、大王（天皇）級の祭祀であることが判明した。年代的には六世紀前半にあたるので、今城塚こそが継体天皇の陵墓だと思われるのだ。

なお、継体天皇の治世下では、**筑紫の国造磐井《いわい》**が大規模な反乱を起こすなど、ヤマト政権は不安定な状態におちいっていたこともわかる。さらに継体天皇が死去すると、継体の子供たちが対立してヤマト政権が分立したという説がある。

継体の長男である**安閑《あんかん》天皇**とその同母弟・**宣化《せんか》天皇**の朝廷、武烈天皇の姉・手白香皇女《たしらかのひめみこ》を母に持つ**欽明《きんめい》天皇**の朝廷が王権をめぐって内乱状態になったというものだ。

欽明天皇の時代、のちに日本の社会に絶大な影響を与える**仏教**が公伝する。**五三八年説**と**五二年説**があるが、現在は五三八年説が有力である。

インドで釈迦が興した仏教は、西暦六七年に中国の後漢に伝来し、三八四年に朝鮮半島の百済へ伝わった。そして**百済の聖明王**《せいめいおう》が我が国に仏像や経典をもたらして信仰をすすめてきたのである。

このとき欽明天皇は、朝臣《ちょうしん》たちに仏教を受け入れるかどうかをはかっている。渡来人を多数配下に持つ大臣《おおおみ》の**蘇我稲目**《いなめ》は、崇仏《すうぶつ》を主張した。しかし大連《おおむらじ》の**物部尾輿**《おこし》が「国つ神（祖先神）の怒りをまねく」と反対した。この両者の対立を**「崇仏論争」**と呼ぶ。結局欽明天皇は、現段階では公的な崇拝はやめておくが、蘇我氏が私的に崇拝することは許可したのだった。

その後、蘇我稲目の子・**馬子**は、物部尾輿の子・**守屋**を滅ぼして大和朝廷の実権を握ることに成功した。馬子は蘇我氏の血筋を引く泊瀬部皇子《はっせべのみこ》を皇位にすえた。これが第三十二代**崇峻天皇**《すしゅんてんのう》である。だが崇峻は傀儡であることに飽き足らず、馬子と対立するようになった。あるとき部下が崇峻に猪を贈呈してきた。すると崇峻は、「いつかこの猪の首を斬るように、憎いあいつの首も斬ってやりたい」とつぶやいたのだ。これを耳にした馬子は、身の危険を察知し、刺客として東漢直駒《やまとのあやのあたいこま》を差し向け崇峻天皇を暗殺してしまったのだ。そして次に自分の姪である額田部皇女《ぬかたべのひめみこ》を即位させたのである。これが初の女帝である**推古天皇**だ。ところで、やはり推古朝といえば、**聖徳太子**の活躍は外せないだろう。

推古天皇の皇太子である聖徳太子が、天皇を補佐する摂政に就任したのは、五九三年のことだとされる。太子は**用明天皇**の第二皇子で、推古にとって甥にあたる。聖徳太子の両親は両方とも馬子の兄弟姉妹を母としているから、濃厚に蘇我氏の血を引く皇族である。

これまで学校の日本史では、推古朝の政治を主導したのは聖徳太子だと教わってきたはずだ。**冠位十二階**や**憲法十七条**を制定して豪族を官僚と規定し、**小野妹子**を隋へ派遣して対等外交を成功させたのも太子の業績と日本史の教科書に書かれていた。

しかし、最近の高校の教科書では、「国際的緊張のもとで蘇我馬子や推古天皇の甥の**厩戸《うまやと》王《おう》**（聖徳太子）が協力して国家組織の形成を進めた」（『詳説日本史B』山川出版社）、あるいは「蘇我馬子は（中略）**敏《び》達《だつ》天皇**の皇后であった推古を女帝として即位させ、そのもとで蘇我馬子と、推古天皇の甥にあたる厩戸皇子（聖徳太子）が共同して政治にあたることとなった」（『日本史B』東京書籍）とあり、政治は聖徳太子主導ではなく、蘇我馬子が中心になっておこなわれ、太子は単なる協力者に転落してしまっている。さらには憲法十七条や冠位十二階、**遣隋使**の派遣も聖徳太子の業績ではなくなっている。

いったいこれはどういうことなのだろうか。

じつは近年、聖徳太子が実在の人物ではないとする学説が有力になりつつあるのだ。

聖徳太子のモデルになる厩戸王（皇子）は実在したものの、果たして彼が推古朝でどれほどの政治力を有したのかが疑問視されている。太子を理想的な為政者に記したのは、太子が死んでから百年後に成立した『日本書紀』であり、研究者によれば、この編纂にかかわった藤原不《ふ》比等《ひと》などが太子の業績を改竄したとする。なぜそんなことをしたのか、それについては後述する。

▼朝廷最大の内乱・壬申の乱

聖徳太子は結局、即位できなかった。なぜなら、推古天皇よりも早く没してしまったからだ。推古天皇は亡くなるさい、後継者を指名しなかったので、馬子の子・**蝦夷**《えみし》が田村皇子《たむらみこ》を推薦した。対して叔父の境部摩理勢《さかいべのまりせ》は聖徳太子の子・**山背大兄王**《やましろのおおえ》を推した。そこで蝦夷は叔父を殺害、田村皇子の即位を強行したのである。この田村皇子が、**舒明天皇**《じょめい》である。

舒明天皇が崩御するとその皇后である**皇極**《こうぎょく》が即位したが、この時代、蘇我蝦夷が大臣として絶大な権力を握り、その子・**入鹿**《いるか》が政治をとっていた。また、この時期、強大な統一国家・唐が朝鮮半島北部の高句麗に侵攻を開始する。これに危機感を覚えた一部の貴族たちは、日本でも唐にならって中央集権的な律令国家をつくる必要をとなえるようになった。その代表的存在が**中臣鎌足**《なかとみのかまたり》である。

鎌足は皇族を中心とする中央集権国家をつくるため、障害となる蘇我氏を滅ぼすことを決意、**中大兄皇子**《なかのおおえ》（皇極天皇の子）とむすんで、大化元年（六四五）、蘇我入鹿を騙し討ちし、さらに兵で蝦夷の屋敷を囲んで自殺に追い込んで滅ぼした。これを**乙巳の変**《いっしへん》と呼ぶ。

中大兄皇子は、叔父の軽皇子《かるのみこ》（後の**孝徳《こうとく》天皇**）を皇位につけ、自らは皇太子として政治の実権を握った。このとき左・右大臣、内大臣、国博士の職を新設し、唐にならって初めて「**大化**」という元号を使用することにした。また、諸国の武器を没収し、大規模な家数調査をおこなった。さらに難波《なにわ》に遷都し、翌年正月、孝徳天皇の名で「**改新の詔《みことのり》**」を発し、公地公民制や税制度、行政区画を定めるなど、**大化の改新**と呼ばれる一連の改革を断行したのだった。

だが、こうした改革は『日本書紀』に載る内容であり、同書は改新から七十年経って成立したもので、なおかつ、編纂の中心人物は鎌足の子・**藤原不比等**だったから、改革が事実かどうかわからない。研究者たちの多くは、中大兄皇子や鎌足側に都合のよい改変が加えられていると主張する。

たとえば古代史が専門の遠山美都男氏は、大化の改新の主役は軽皇子、すなわち蘇我氏を滅ぼしたのちに即位した孝徳天皇だったと述べる。たしかに、中大兄皇子がこのクーデターの首謀者なら、自分が天皇にならないのはヘンだ。さらに原秀三郎静岡大学名誉教授は、大化という年号は定められておらず、孝徳天皇の即位も六四五年ではなく六四九年だといい、大化の改新自体を否定している。まさに私たちの常識をくつがえす説だ。

ただ、やがて中大兄皇子が権力を握ったのは確かなようで、六五三年、孝徳天皇と仲違いした中大兄は、孝徳を置き去りにして百官を率いて難波宮から飛鳥へ戻ってしまう。翌年、寂しく孝徳が没すると、中大兄は母を重祚《ちょうそ》（**斉明天皇**《さいめい》）。再び皇位につくこと）させた。

一方その頃、新羅の武烈王《ぶれつおう》は唐と同盟を結び、斉明六年（六六〇）、自ら兵を率いて蘇定方《そていほう》を将とする十三万の唐軍と合流して百済の首都泗沘《しび》を落として百済を滅ぼした。けれど百済の遺臣たちは国家の再興運動を展開、そのリーダー**鬼室福信**《きしつふくしん》は、大和政権に**豊璋**《ほうしょう》の返還と援軍を要請したのである。豊璋は、日本が人質にしていた百済の皇子であった。

大和政権はこの申し出を受諾した。これは、大帝国の唐を敵に回すことを意味した。だが、もし何もしなければ、日本は朝鮮半島での勢力を失うのみならず、やがて百済と同じ道をたどることになるだろうという思惑があった。

斉明七年（六六一）正月、日本軍は難波から海路九州へわたった。斉明天皇はじめ中大兄皇子、藤原鎌足など、政権の実力者が遠征に参加した。ところが同年七月、斉明天皇が崩御してしまう。けれども遠征は中止されず、中大兄皇子の指揮で準備が進められ、天智元年（六六二）正月、弓矢などの軍需物資を満載した先発隊（阿曇比邏夫《あづみのひらふ》が将）五千が渡海した。翌年になると、第二軍、第三軍が出立、総勢三万二千が朝鮮半島に上陸した。これより先、唐・新羅連合軍は旧百済軍の籠もる熊津《ゆうしん》城を落とし、さらに周留《する》城を水陸から包囲していた。こうしたさなか、豊璋が鬼室福信を殺害する。この内紛により、旧百済軍の志気は低下していった。戦いは、水軍による**白村江**《はくすきのえ》での八月二十八日の海戦で決着する。

宮都の位置の変遷

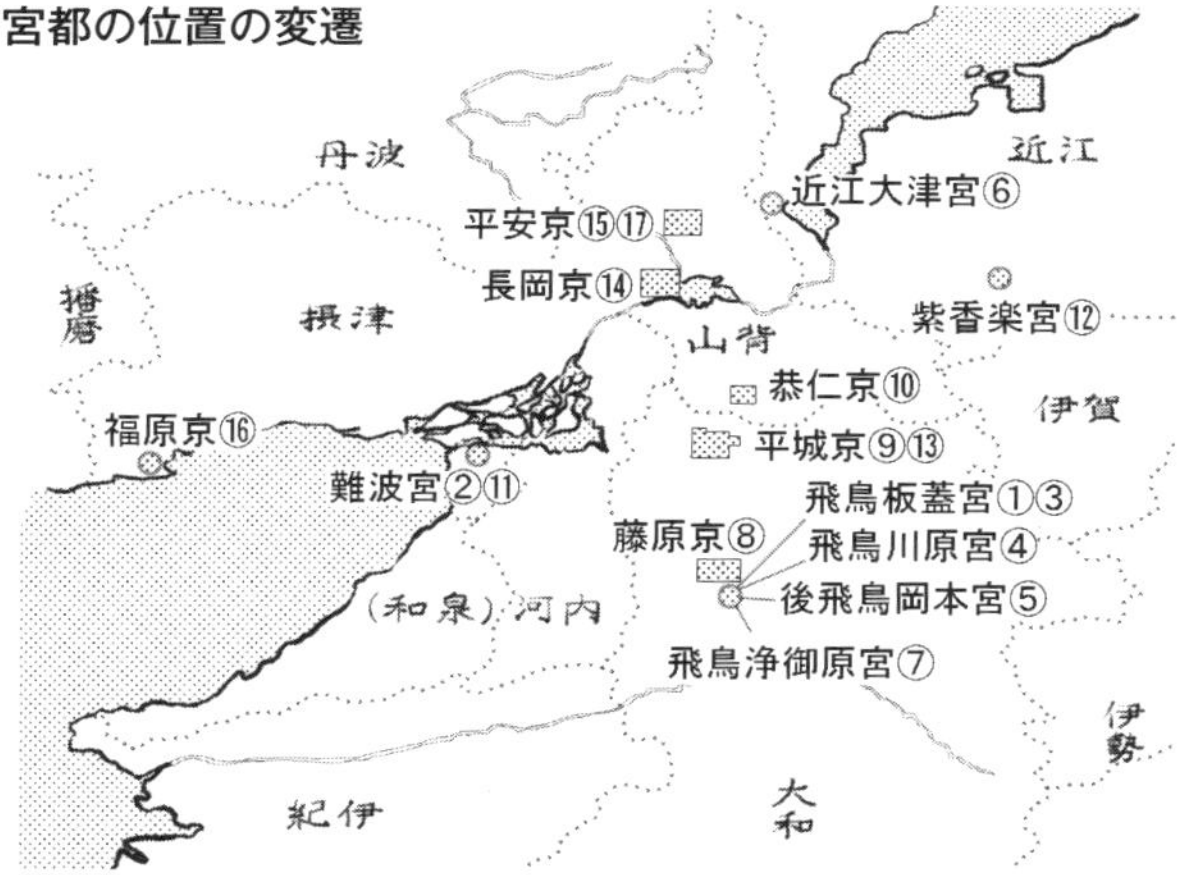

数字は変遷の順番

この戦いで日本水軍は、周留城を包囲する唐・新羅水軍に四度にわたって突撃攻撃を敢行した。だが、突撃で隊列を乱した日本水軍を、敵が横腹から挟撃したことで、日本軍は大敗を喫してしまう。このとき多数の日本兵が溺れ死に、海水は真っ赤に染まったという。このため豊璋は高句麗へ逃亡し、日本軍主力は弖礼城《てれのさし》に撤退、敗残兵をまとめて帰国した。

こうして大和政権は、朝鮮半島での勢力を完全に失い、さらに唐・新羅連合軍の来襲におびえなくてはならなくなった。中大兄皇子は連合軍の上陸にそなえ、大宰府を防備するため**水城**を構築したり、**朝鮮式山城**をつくったりした。**近江大津宮**への遷都強行も、敵襲のさい琵琶湖を利用して逃亡をはかるためだったという。そのため国家財政は傾き、豪族たちは不満を鬱積させた。

　天智七年（六六八）、ようやく中大兄は即位して第三十八代**天智天皇**となったが、それから三年後に死没する。

　意外かもしれないが、天智天皇の弟・**天武天皇**（大海人皇子）は、皇位の簒奪者である。この事実を隠すために『日本書紀』の編纂を命じたという説もあるほどだ。自分に都合のよいよう歴史を改竄してしまおうとしたのである。じっさい、天智天皇の息子で、天智の後継者だった**大友皇子**が即位したと書かれていないことが非常に怪しい。

　大友皇子は天智没後すぐに即位しているはずなのだ。しかし、そうなると天武は、天皇に叛旗を翻して政権を奪ったことになるので、この事実を抹殺してしまったらしい。

　天武天皇は、天智の同母弟で**大海人皇子**と呼ばれていた。一時は天智天皇の皇太子の地位についていた。この時代、同母弟があった場合、皇位はその弟に譲られるのが皇位継承の慣わしだった。そのため大海人皇子は若い頃より天智天皇を補佐し、周囲からも後継者と目されてきた。

　ところが、伊賀采女宅子娘《いがのうねめやかこのいらつめ》が生んだ天智の子・大友皇子が長ずるにしたがい、次第に天智は大友を溺愛するようになり、ついには政治を総攬する**太政大臣**の地位につけたのである。暗に次期天皇は大友皇子だと宣したようなものだ。しかし宅子娘は、采女《うねめ》と呼ばれる身分の低い女性で、そういった女から生まれた皇子が皇位を継承するという例はなかった。明らかにこれは掟破りといえた。

天智十年（六七一）十月、天智の病が重くなった。このとき大海人皇子は、兄の天智から枕元に呼ばれ、「私の後を継いでくれるか」と皇位継承の打診をうけた。

しかしその言葉を真に受けるのは危険だと思った大海人は、これを強く固辞した。そして出家するといって剃髪し、吉野の地へ引き籠もったのである。

『日本書紀』は、これを評して「虎に翼をつけて放ったようなものだ」と記したが、同年十二月、天智天皇は死没した。

半年後の弘文元年（六七二）五月、大海人皇子は、大友皇子が天智の陵墓を築くため、各地から人数を集めている事実を知る。

「それはあくまで名目で、その人数を率いて私を殺しに来るのだろう」

そう信じた大海人は、翌月、挙兵に踏み切ったのである。大海人皇子の行動は、非常に迅速だった。六月二十四日、密かに部下の村国男依《むらくにのおより》を美濃国安八磨《あはちま》へ向かわせた。ここには大海人の所領があり、同地で兵を募るとともに、不破の関を押さえようとしたのだ。ここで東山道を遮断してしまえば、東国からの兵は西上することはできない。

二日後、いよいよ大海人は一族を引き連れて吉野を脱出、伊賀国を経て二十六日に伊勢国朝

わははははは
大海人皇子
ぐえ
空飛ぶ虎にはかなわないよね・・・
大友皇子

明郡に入った。途中、**大津宮**を脱した高市皇子（大海人の長子）と合流する。翌日、尾張国司が二万を率いて味方についた。さらにこの日、東国の兵が大海人方に続々と馳せ参じた。また、故・天智天皇の独裁に不満を持っていた大伴氏らも大和国で挙兵、飛鳥を制圧したのだった。

対して、大海人皇子の反乱を聞くと、大津宮の貴族たちは驚いて都を脱し、山野へ逃れる者が続出した。不意を突かれた大友皇子は、東西に使者を派遣して兵を集めようとしたが、東国へ遣わした使者は不破で捕まってしまい、西への使者は、吉備国司や筑紫大宰が大海人方についたため、兵を集めることができなかった。完全に大海人に機先を制せられたのだ。

大海人皇子は、不破を本陣とし、琵琶湖をはさんで軍を南北にわけ、大津宮を目指して進発させた。他方、飛鳥を占領した大伴軍も北上を開始した。これに対して大友軍は、必死の防戦をするが、各所で敗れていった。そこで大友皇子は自ら出陣し、七月二十二日、瀬田川で大海人の主力軍と決戦をおこなった。だが、善戦むなしくして大友軍は敗れ、翌日、大津宮は陥落した。大友皇子は山中へ逃れたが、もはやこれまでと観念し、首を吊って自殺したと伝えられる。

こうして大友皇子を打倒した大海人皇子は、**飛鳥浄御原宮**《あすかきよはらのみや》で即位し、天武天皇となった。武力で皇位についた天武の権力は強大で、**八色の姓**《やくさのかばね》を定め皇族を上位とする新氏姓《しせい》制度をつくり、豪族を天皇の官僚と位置づけた。また、私有民を禁じ、所有地の一部を公収するなど、天皇への中央集権をはかった。さらに、唐にならい律令制度の整備や国史の編纂事業を開始した。「天皇」の称号や「日本」の国号は、天武の時代に用いられるようになったといわれる。

2 奈良時代の天皇

▼女帝の時代

朱鳥元年（六八六）、実力で皇位についた天武天皇が死去した。五十六歳であった。それから一月も経たずに天武の子・**大津皇子**の謀反が発覚し、逮捕された大津皇子は、翌日、死を賜り命を絶った。二十四歳であった。大津皇子は、皇太子である**草壁皇子**（母は天智天皇の娘・**鸕野**《うの》**皇后**〈のちの持統天皇〉）の一つ下の異母弟。母親は天智の娘・大田皇女である。すでに大田皇女は他界していたが、血統からいえば、草壁皇子に匹敵する立場にあったといえる。おそらく謀反の罪を着せ、鸕野皇后が息子のライバルである大津を抹殺したのだと思われる。

だが、大津が死んだ後も、草壁皇子の即位は実現しなかった。鸕野皇后がそのまま政治をとりはじめたのである。これは草壁が病弱で、健康が回復するまで皇位継承を延ばそうとしたとか、草壁には長男の珂瑠《かるの》（軽）皇子《みこ》がいたが、草壁を天皇にしても、その子・珂瑠が皇太子になるのは困難だったからという説がある。皇太子は、天皇を補佐する役目を持っていたが、四歳の珂瑠には無理だ。となると、草壁の異母弟の誰かを皇太子にしなくてはならない。しかし鵜野皇后は、孫の珂瑠に皇位を継がせたい。これを解決する手段として、珂瑠が大人になるまで、自分で政治をとろうとしたというのだ。

だが、二年半後、草壁皇子は二十八歳で死んでしまう。草壁亡き後、鵜野の願いは、孫の珂瑠を天皇にすえることだった。そのため鵜野は、自ら即位して**持統天皇**となった。

同志社大学名誉教授の土橋寛氏は、草壁亡き後、持統天皇は実力者の藤原不比等（鎌足の子）に珂瑠皇子を即位させる約束をさせ、不比等の娘**宮子**を珂瑠皇子の妻にしたと主張する。

持統天皇十一年（六九七）、ついに珂瑠皇子が十五歳で即位し、**文武《もんむ》天皇**となった。

これより三年前（六九四）のこと、持統天皇は都を飛鳥浄御原宮から**藤原京**に移転していた。藤原京は、我が国初の中国の都城制を模した本格的な帝都である。内裏（天皇の住居）や朝堂院（政務や儀式などをおこなう中心的な施設）、中央官庁が立ち並ぶ藤原宮を真ん中にして、道路が碁盤の目状に走り、土地が方形に区画されている。

藤原京の範囲は、岸俊男京都大学名誉教授がとなえた南北三・二キロ、東西二・一キロ（ちょうど平城京の三分の二）というのが定説になっていたが、近年、発掘調査が進み、境域外にも道路や建物跡が次々と見つかるようになっており、平城京や平安京より巨大だった可能性が出てきた。現在では、五・二キロ四方だという説が強い。こんな壮大な都だったのに、わずか十数年しか使用せず、奈良の平城京に遷都してしまう。なぜ藤原京は短期間で破棄されたのか、その理由は大きな謎である。

不比等は、持統天皇の信頼を得て文武朝でも政治力を発揮し、大宝元年（七〇一）、**刑部《おさかべ》親王**とともに大宝律令を制定し、律令国家の完成を目指した。律令国家とは、「律令」という法律にもとづいて運営されている国家のこと。「律」とはいまでいう刑法にあたり、「令」は国家統治組織や官吏服務規定などを含んだ行政法一般と考えてよい。

同年、文武と宮子との間に首皇子《おびとのみこ》が誕生した。これによって不比等は、天皇の外戚となった。さらに目出度いことに、この年、不比等の後妻となった**県犬養宿禰三千代《あがたいぬかいのすくねみちよ》**とのあいだに安宿媛《あすかべひめ》が生まれた。のちに彼女は首皇子と結婚し、**光明皇后**となる女性であった。

翌年、持統上皇が死去した。持統はきっと、孫の文武が皇位を継ぎ、さらに後継者たる男児を得たことを確認したので、安心して亡くなったのではないかと思う。彼女の遺体は**天皇として初めて火葬**に付され、遺骨は銀の骨壺に入れられ、愛する天武天皇の陵墓に合葬された。

だが、それから五年後の慶雲四年（七〇七）、文武天皇がわずか二十四歳にして没してしまう。文武が崩御すると、次の天皇にはなんと、文武の生母である阿閇皇女《あへのひめみこ》（天智の四女）が就いたのである。皇位が息子から母親へ伝えられるのは、前代未聞のことである。だが、舎人《とねり》親王や新田部《にいたべ》親王など天武天皇の有力な皇子が生存しているなかで、諸人を納得させるのは、これしか方法がなかったのだろう。こうして阿閇は、**元明天皇**となった。

和銅元年（七〇八）二月、元明天皇は詔勅を出して遷都を宣言した。詔勅には「自分はまだ即位したばかりで遷都をしようとは考えていなかった。だが、皇族や貴族たちが新たな帝都をつくることは国家のために重要だと力説するので、衆議に逆らわず、この意見に従うことにする」とある。どうやら元明自身は、遷都に乗り気ではなかったらしい。もちろん、これを陰で強行したのは実力者の不比等であったと思われる。

古代史が専門の立正大学名誉教授・高島正人氏は、「不比等は邸宅を〈平城京の〉大内裏の東方、現在の法華寺から西大寺の北辺にいたる広大な敷地に定め、二条坊間大路をはさんで内裏と接続するよう工夫した。林陸朗氏〈国学院大学名誉教授〉（『光明皇后』）は不比等の別邸か関係寺院の隣地に宮城を誘致したのではないかと考え、発掘調査によって明らかになった大内裏が、東方（不比等邸側）に張り出し部分がある（のち宮殿風建物遺構も発見された）ことを重視して、ここに東院や東宮があったとすれば、娘の宮子が生んだ首皇子を四六時中自分の眼でたしかめ、成長を見守り、これを擁護することができた。おそらくそうしようとしたのではないかと述べられているが、たいへん示唆的である」（高島正人著『藤原不比等』吉川弘文館。〈　〉内は引用者注。以下同）と林説を支持し、そのうえで「不比等の立場からすれば、宅地は遷都決定以前に購入することも不可能ではなく、古くからの所有地か否かは明らかではないが、内裏の造営とならんで、このころ内裏の東方に邸宅を建築したことは疑いあるまい。また武智麻呂・房前《ふささき》の兄弟〈不比等の息子たち〉も宮殿の南と北にそれぞれ家を建てたと伝えているが、このころのことではなかったろうか」（前掲書）と推測している。

つまり平城京遷都は、不比等の野望を実現するために実施された大事業だったというわけだ。

和銅七年（七一四）、十四歳に成長した首皇子が元服して皇太子となった。その翌年、元明天皇は退位する。しかし、皇位を継承したのは、首皇子ではなかった。首皇子はすでに、父の文武が帝位を継いだときと同じ十五歳になっていた。なのに、即位したのは元明天皇の娘で、首皇子の伯母にあたる三十六歳の**元正天皇**であった。

この理由について退位した元明天皇は、「神器を皇太子の首皇子に譲りたいが、まだ年歯幼稚にして、いまだ深宮を離れることが出来ない。天皇の仕事は多忙で一日に政治上の重要な事柄をいくつも処断しなくてはならず、まだ首皇子には無理である。ゆえに聡明で沈静、才能のある我が娘・元正に皇位を譲る」と述べている。

ちなみに、まだ五十五歳であった元明天皇が急に退位したのは、義兄たる穂積《ほずみ》親王の死に精神的な打撃をうけたからだといわれている。穂積親王は、知太政官事《ちだいじょうかんじ》という職にあった。これは皇族が就任する役職で、左・右大臣の上に置かれ、太政大臣に準じ天皇を補弼《ほひつ》する地位だとされる。元明天皇は、完全な不比等のロボットではなく、ときには穂積の補佐を受けつつ、かなり能動的に政治に関与した。しかしながら、その穂積が一月前に死去してしまったのだ。譲位の詔勅のなかで、元明は「退位して裸足のようになりたい」ともいっており、そうしたことからも彼女の精神的ダメージをうかがうことができる。

なお、知太政官事はその後補填されず、このため朝廷の権力はますます不比等に集中することになり、新たな女帝元正は、完全に不比等の意のままとなったといわれる。

霊亀二年（七一六）、不比等に大きな喜びが訪れた。娘の安宿媛《あすかべひめ》が皇太子妃となったのである。安宿媛は、不比等の後妻・県犬養三千代との間に出来た子で、まだ十四歳だった。首皇子の母・宮子は不比等の娘。つまり、自分の娘が生んだ子に、また別の我が子を輿入れさせたわけだ。現代では到底信じられない近親結婚だが、二重の縁によって皇室と結ばれた不比等の権力はさらに強化された。

養老二年（七一八）、安宿媛が阿倍内親王を生んだ。女児とはいえ、もし男子ができなくても、この女児が皇位を継ぐことは可能である。事実、彼女は、のちに即位して**孝謙天皇**となっている。

養老四年（七二〇）、『**日本書紀**』が完成する。同書は、中国の史書の体裁にならい、漢文の編年体で編纂した我が国初の正史である。編纂事業の中心となったのは、**舎人親王**である。しかし京都大学名誉教授の上田正昭氏は「『日本書紀』の完成には不比等が舎人親王の影の存在として大きな役割を果たした」（『藤原不比等』朝日選書）と断じている。なぜ不比等は、史書の編纂事業に深く関与したのか。それは、首皇子を皇位につけるためだといってよいだろう。不比等はその目的のために、歴史を都合良く改竄したのである。

たとえば、聖徳太子の創作である。

谷沢永一関西大学名誉教授は、不比等は首皇子を天皇にするため、『日本書紀』のなかで、皇太子である聖徳太子をかざりたてて聖化し、首皇子が聖徳太子の生まれ変わりであることを臭わせ、首皇子の皇位継承を確実なものとしようとしたのだと『聖徳太子はいなかった』（新潮新書）で主張している。

▼聖武天皇と大仏造立

首皇子は無事に即位し、**聖武《しょうむ》天皇**となる。そして、神亀元年（七二四）から天平感宝元年（七四九）まで在位した。しかしこの間、朝廷の権力者は**長屋王《ながやおう》**、**藤原四子**（不比等の子供たち）、**橘諸兄《たちばなのもろえ》**とたびたびかわり、政情が不安定なうえ疫病や飢饉が頻発した。とくに聖武が衝撃を受けたのは、天平十二年（七四〇）に大宰府で起こった**藤原広嗣《ひろつぐ》の乱**であった。

広嗣は藤原式家を興した宇合《うまかい》（不比等《ふひと》の子）の嫡男だったが、天平八年（七三六）、宇合ら藤原四兄弟が天然痘で相次いで死んだこともあり、朝廷の実権は藤原氏から右大臣橘諸兄と彼を補佐する**玄昉**《げんぼう》**・吉備真備**《きびのまきび》へ移ってしまった。このとき、素行の悪さが災いしたこともあり、広嗣は大宰少弐《だざいのしょうに》に任じられ九州の大宰府へ左遷された。

これに不満を持った広嗣は、天平十二年（七四〇）八月、朝廷に上表文を差し出して玄昉と吉備真備の非道を説き、政権から排除するよう要求した。そして、その返事も待たずに挙兵したのである。

九月三日、反乱の報が平城京に届いた。聖武天皇はすぐさま大野東人《おおののあずまびと》を大将軍に任じ、一万七千を西へ向かわせた。大野は長門国豊浦を本営とし、阿倍虫麻呂に四千をつけて九州へ渡海させた。官軍の来襲を知った広嗣は、軍を三手にわけ、これを包囲して殲滅する作戦をすすめた。

これに対して官軍は、板櫃川に陣を敷き、勅符をばらまいて「広嗣を殺害した者に五位以上を授け、投降した兵は一切処罰しない」と宣伝した。やがて、広嗣本軍が板櫃川に着陣するが、他の二隊はまだ到着していなかった。このとき官軍は、都から連れてきた九州出身者を用いて広嗣軍に投降を呼びかけ、さらに同行していた勅使が、対陣する広嗣本人を呼び出し、公衆の面前でその行為を難詰、彼のいい訳を完全に論破したのである。すると官軍に投降する兵が続出するようになり、戦わずして広嗣軍は瓦解したのだった。このため広嗣もその場から逃亡をはかり、船に乗って中国を目指したが、済州島まで近づきながら、烈風に吹き戻され五島列島に漂着、役人に捕縛され十一月一日に斬首された。この乱では二十六人が処刑され、広嗣の親族を含めて三百人近くが処罰された。

　この知らせは同月五日に平城京に届くが、このとき聖武天皇は都にいなかった。十月末、突然東国へ行幸するといい出し、その後数年間は、**恭仁京**《くにきょう》、**紫香楽宮**《しがらきのみや》、**難波宮**《なにわのみや》というように転々と居所を変えた。一説には、広嗣の乱のためにノイローゼになったのだともいう。

　当時は、仏教に国を守護する力があるとする**鎮護**《ちんご》**国家**の思想が信じられていた。だから聖武も社会の混乱を鎮めるため自らを「三宝の奴（仏教の奴隷）」と称し、諸国に七重塔を持つ壮麗な**国分寺**と**国分尼寺**を建立、紫香楽宮で大仏（盧舎那仏《るしゃなぶつ》）の鋳造事業をはじめたのである。やがて造仏事業は平城京に移されて継続された。大仏は十六メートルを超える巨大なもので、四百トン以上の銅、メッキのために六十キロの金が使用された。鋳造事業には延べ二百六十万人以上が動員された。当時の人口は六百万人程度と推定されるから、およそ半数にあたる。だが、この壮大な事業は、莫大な費《つい》えとなって民を困窮させることになった。

　これまでの公地公民制を大きく崩し、開墾地の私有を認めた**墾田永年私財法**を発したのも聖武天皇の時代である。晩年の聖武は病がちで、出家して新薬師寺を行在所《あんざいしょ》とし、天平感宝元年（七四九）に娘の**孝謙**に皇位を譲った。

　天平勝宝四年（七五二）四月九日、東大寺大仏殿において**大仏開眼供養会**がおこなわれた。

大仏に眼を描くことで魂を入れて完成させる儀式である。だが、じつは大仏はまだ完成しておらず、金メッキもあまり施されていなかった。にもかかわらず開眼供養を急いだのは、仏教が日本に公伝して二百年目にあたることに加え、聖武上皇が生きているうちに実施したいと考えたからである。

聖武は体調が悪く、いつ没してもおかしくなかった。このため大仏に墨で黒目を入れるのは、菩提僊那《ぼだいせんな》が聖武に代わっておこなった。驚くことに彼はインド人だった。じつはこの儀式には、インド人のみならず唐やベトナム出身の高僧たちも多数参列していたのである。

こうして無事に大仏開眼供養が終わり、それから二年後、聖武天皇は五十六歳の生涯を閉じた。聖武天皇が集めたペルシャやインド、ビルマなどの珍宝は、妻の光明皇太后によって東大寺の**正倉院**に寄贈された。いまでも私たちは、毎年奈良国立博物館でそのすばらしい宝物を目にすることができる。

▼孝謙女帝と仏教政治

平城京の修築工事のため、聖武の娘である孝謙上皇は、一時的に保良宮《ほらのみや》と称する琵琶湖の南に位置する宮殿に身を移していたことがあった。このとき彼女は重い病におちいってしまう。そんな上皇のために看病に遣わされた僧侶が**道鏡**だった。

道鏡はすぐれた学僧で、サンスクリット語を理解し、宿曜術《すくようじゅつ》という秘法を修得しており、この術を用いて上皇の病をいやしたという。これによって孝謙上皇は道鏡を「朕が師」と呼んで敬愛するようになり、つねに近侍させて重用し、果ては太政大臣禅師という位を与えて政権になわせ、ついには皇位さえ譲り渡そうとした。

道鏡と出会ったとき、孝謙上皇は独身で、すでに四十四歳になっていた。政治的にも孤立した寂しい立場にあったようで、そこに優しく看病してくれる男性が登場したわけだから、彼女が道鏡になびいてしまう状況は理解できる。

孝謙上皇は、聖武天皇と光明皇后（藤原氏出身）の娘として誕生し、天平勝宝元年（七四九）、三十三歳のときに即位した。彼女が擁立されたのには、ワケがあった。光明皇后は、じつは基《もとい》王《おう》という皇子を生んでおり、神亀四年（七二七）に彼を皇太子に立てたのだが、翌年、基王はわずか二歳で夭折してしまったのである。

この年には、聖武天皇の夫人であった県犬養広刀自《あがたのいぬかいのひろとじ》も皇子を生んでいた。それが、安積《あさか》親王《しんのう》である。朝廷の実力者・藤原氏としては、何としても同氏の血筋を継ぐ者を即位させたかった。そこで、藤原氏は安積親王がいるにもかかわらず、基王の姉にあたる孝謙を天平十年（七三八）に皇太子としたのだ。

ちなみに安積親王は、天平十六年に十八歳の若さで死去している。おそらく藤原氏によって密かに抹殺されたのではないだろうか。

当時、朝廷の実力者は、光明皇后の甥である**藤原仲麻呂**だった。仲麻呂は、孝謙女帝に対して紳士的に優しく接した。もちろんそれは権力保持のための下心だったのだろうが、女帝は親切にしてくれる仲麻呂に淡い恋心をいだいたようだ。

聖武上皇は死ぬ間際、道祖王《ふなどおう》（天武天皇の孫）を皇太子に任命した。ところが父の死後まもなく、孝謙女帝は道祖王を廃して大炊王《おおいおう》を後継者にかえたのである。

大炊王は、仲麻呂の屋敷で養われていた皇族であった。つまり、父の遺志に背いてまで、孝謙天皇は仲麻呂の都合を優先させたのだった。そこに、仲麻呂に対する思慕の情がうかがえる気がする。

天平宝字二年（七五八）、こうして孝謙女帝は大炊王（**淳仁天皇**《じゅんにんてんのう》）に譲位して上皇となった。

だが、彼女が皇位から降りるや否や、仲麻呂の態度はにわかに冷たくなった。

そういう寂しさのなかにいたとき、孝謙上皇は道鏡と出会ったのである。だからこそ、親身に自分を看病してくれる道鏡に心底傾いてしまったのだ。

いっぽうの仲麻呂は、天平宝字四年（七六〇）に最大の後援者である光明皇太后を失い、己の権力が弱体化することに焦りを覚えるようになった。とくに目障りだったのが、孝謙に可愛がられている道鏡だ。そこで仲麻呂は、淳仁天皇を通じて孝謙上皇に対し、「道鏡を寵愛し過ぎぬように」とクギを刺した。

が、これを聞いた孝謙上皇は激怒する。

「淳仁天皇は自分に対し、いってはならぬことをいい、してはならぬことをした。絶対に許すことはできない」

とすさまじい宣命（声明文）を発し、

「自分こそが天皇家の正統を継ぐ者であるから、国家の大事に関しては、今後私がみずからおこなう。天皇は小事だけ関与すればよい」

と明言したのである。いわばこれは、彼女の政権奪回宣言といえた。

このとき朝廷の貴族の多くは、孝謙上皇の宣命を支持するほうにまわった。じつは彼らは、藤原仲麻呂の専制に不満をもち、その傀儡で皇統の傍系にすぎぬ淳仁天皇を蔑視していたらしい。こうして藤原仲麻呂の権力は、急速に縮小していくことになった。仲麻呂は起死回生をはかるため、天平宝字八年（七六四）、とうとう武力蜂起する。しかしながら、あっけなく孝謙上皇方に敗れ、討ち死にしてしまった。

後援者をなくした淳仁天皇に対する孝謙上皇の仕打ちはまことにひどかった。すぐに天皇の位から引きずりおろしたうえ、なんと、淡路島へ配流してしまったのである。孝謙上皇の怒りの深さがはかりしれよう。

こうして淳仁天皇を島流しにすると、孝謙上皇は重祚《ちょうそ》（再び皇位につくこと）して**称徳天皇**《しょうとく》となり、驚くべきことに、道鏡を太政大臣（朝廷の最高位）禅師（僧侶への敬称）にすえて、政務一切をまかせたのである。一介の僧侶が太政大臣に相当する役職に就任するなど、かつてなかった事態である。

慣例と伝統のなかに生きている貴族は、このような異例の抜擢を喜ばない。称徳天皇と道鏡に密かに反感をいだいた人々も多かったはず。しかし、勢いを得た道鏡の権力に立ち向かう者は現れなかった。

もし道鏡が節度ある人物で、太政大臣という地位に満足していたなら、彼はそれほどみじめな晩年を過ごさないですんだはずだ。けれど、この男はあくなき野心家であった。称徳天皇はすでに五十過ぎの高齢、子はなく後継者も選定されていない。

この状況にいつしか道鏡は、己自身が皇位につくことを夢に見はじめていた。彼女はきっと譲位してくれるはずだ、そう確信するようになったのである。称徳天皇の自分に対する愛情に、道鏡は絶対の自信を持っていた。

ちょうどそんなとき、「もし道鏡を皇位につけたなら、世の中は必ずや平和になるだろう」という神のお告げが、九州の**宇佐八幡宮**から都にもたらされた。神護景雲三年（七六九）のことである。

おそらくそれは、道鏡の仕組んだデッチあげだったと思われる。

当然、この話を聞いた称徳天皇もそれに気がついたろう。しかし、知っていて称徳は、あえてこれに乗ろうとしたのである。

自分の死んだあと、遠い縁戚に皇位を渡してしまうくらいなら、愛する道鏡を天皇にしてやりたい。そう考えるのは、自然な感情だろう。神託を確認するために遣わしたのが、腹心である**和気広虫**《わけのひろむし》の弟・**清麻呂**《きよまろ》だったことが、その証拠だといえる。

ところが、である。

清麻呂は「道鏡をただちに排除せよ」という神託を持ち帰ってきたのだ。予想外、というより衝撃的な回答だった。こうして道鏡の野望は潰えた。

翌年、称徳天皇は失意のうちに五十三歳の生涯を閉じた。

称徳天皇の死後まもなくして道鏡は失脚し、下野国薬師寺へ左遷され、それから二年後、死没してしまった。太政大臣禅師にまで成り上がった道鏡だったが、その葬儀は庶民の礼をもって執行されたという。まさに有為転変の人生だったといえるだろう。

和製ラスプーチン
怪僧・道鏡の野望
博学で口が達者 オマケに巨根の 道鏡くん
将来の夢は？
ハイッ
天皇です!!
得意の超能力で 孝謙院のハートを がっちりキャッチ！
『宿曜秘法』 星を左右して 運命を自在に 変えられるのです
ステキ♡
太政大臣
禅師
あと一歩で 天皇！ というところで ……
わははは
神託 「道鏡を 排除せよ」
えんっ
げしっ
清麻呂
崖
転落

3 天皇親政の時代

▼平安遷都と蝦夷征討

称徳天皇が没すると即日、女帝の遺言として白壁王《しらかべおう》が皇太子に選ばれた。ただ、『日本紀略』によれば、じっさいは後継者を定めないまま称徳天皇は崩御し、太政官の議政官（閣僚）たちが集まって皇太子選定会議が開かれ、そのなかで決定したのだという。称徳天皇の信頼が厚く、朝廷の長老であった**吉備真備《きびのまきび》**は、長親王《ながしんのう》（天武天皇の子）の子である文室真人浄三《ふんやのまひときよみ》を強く推挙した。そこで浄三に打診したところ、本人が強く固辞したので、仕方なく今度はその弟・大市《おおち》真人《まひと》を即位させようとした。しかし、大市も断ったのである。

この動きに対して、まだ左中弁《さちゅうべん》で会議にも参列できなかった**藤原百川《ふじわらのももかわ》**が、なんと、偽の称徳天皇の遺詔をつくり、兄の良継《よしつぐ》らを動かして白壁王を擁立したのである。

にわかに皇太子となった白壁王は、すぐに即位して**光仁天皇《こうにん》**となった。光仁天皇は、これまでの天武系統の皇族ではなく、天智天皇の孫にあたった。つまり、皇統は天武系統から天智系統へと移り変わったのである。ただ、即位したときすでに六十二歳になっていたから、光仁の治世はわずか十年で終わりを告げた。

この間、皇太子は**他戸親王**《おさべ》から山部王《やまべ》（のちの**桓武天皇**）へと交替している。これは、光仁の皇后であった**井上内親王**《いかみ》が、光仁天皇を呪詛《じゅそ》したからである。井上内親王は、聖武天皇の長女であり、井上が生んだ子が他戸親王であった。しかし、実母の行為によって他戸も廃されてしまった。それから二年後の宝亀六年四月（七七五）、母子は幽閉先で同じ日に没している。おそらく殺されたのか、自殺を強いられたものと考えられる。

他戸親王にかわって皇太子になった山部王《やまべ》の実母・高野新笠《たかののにいがさ》は、和氏《やまとし》といって、百済の武寧《ぶねい》王《おう》の子・純陀《じゅんだ》太子を始祖とする百済系の渡来氏族であった。光仁天皇の長子であったにもかかわらず、当初皇太子に任じられなかったのは、母親が渡来系氏族であったからにほかならない。山部王は背が高く、立派な体つきをしていたこともあって、あまり学問は好まず、若い頃から鷹狩りばかりに熱中していた。二十八歳のとき、山部ははじめて官位（従五位下）を授けられ、父の白壁王と同様、官人（官僚）の道を歩みはじめた。

白壁王は、官人として有能だったようで、急速に頭角を現して大納言にまで出世するが、親の七光りもあってか、山部王も三十歳のとき、大学頭に就任している。これは国家中央の官僚養成機関のトップだ。さらに父親が即位すると、宝亀二年（七七一）に中務卿《なかつかさ》に就いたが、翌年、他戸親王が廃されたことで、皇太子に選任され、七年におよぶ官人生活は終わりを告げた。天応元年（七八一）四月、山部王は父の譲位をうけて即位した。第五十代桓武天皇である。

桓武は、道鏡の仏教政治以後、仏教勢力が政治に関与するようになったことを嫌った。また、天武系統から天智系統に皇統が移ったことを強く意識し、天智系のための新たな都をつくろうと考え、延暦三年（七八四）、山城国乙訓郡《おとくにぐん》**長岡**への遷都を発表した。

腹心の**藤原種継**《ふじわらのたねつぐ》らを造長岡宮使に任命し、難波宮の瓦や資材をリサイクルするなどして突貫工事で宮殿の造営を急がせ、まだ長岡宮が完成していないのに、同年十一月、長岡へ遷ってしまった。桓武は、奈良の大寺院の長岡への移転を勅により禁じ、さらに一般への布教活動も禁止した。寺院勢力の政治からの排除を明確に打ち出したわけだ。

翌年の正月には、造営中の長岡宮の大極殿において、桓武は朝賀の儀をおこなっている。

同年八月末、桓武は、伊勢神宮に奉仕する**斎王**《さいおう》（未婚の皇女が任じられる）に決まった娘の朝《あさ》原内親王《はらないしんのう》の出立を見送るため、旧平城京へ行幸した。

その留守中の九月二十三日の夜、藤原種継が射殺されたのである。種継は、夜間工事の現場を自ら視察していたが、数本の矢を射込まれ翌日に命を落とした。桓武は激怒し、ただちに長岡宮に戻って犯人の逮捕を厳命した。結果、実行犯と思われる近衛伯耆桴麿《このえのほうきのいかだまろ》と中衛牡鹿木積麿《ちゅうえのおしかのこさかまろ》が捕まった。彼らと関係者の大伴竹良《おおとものちくら》を拷問にかけたところ、苦しさに耐えかねて種継の殺害を自供、彼らの証言から大伴継人《おおとものつぐひと》や佐伯高成《さえきのたかなり》が連行され、二人の供述から数十人の関係者が明らかになったが、多くが春宮坊《とうぐうぼう》（皇太子の家政機関）の職員だった。このため桓武は、皇太子の

早良《さわら》親王も関係があると判断し、捕縛した。

早良親王は、桓武より十二歳年下の同母弟。十一歳で出家し、長く東大寺や大安寺で修行を積んでいたが、桓武の父・光仁のたっての希望で、桓武が即位するさい、皇太子に任じられたと伝えられる。桓武が長岡京遷都にさいし寺院の移転を認めなかったことで、仏教界は強い不満を持っていた。だから、仏教界とつながりの深い皇太子・早良親王に働きかけ、遷都事業を中止させようというのは自然の流れというものだろう。

また、早良のほうでも仏教界で長く生活していたことで、政治にはうとく、阻害された仏教勢力に同情して、そのように動いた可能性は否定できない。だが、これをもって早良が種継暗殺事件に関与したとはいえないし、本人はそれを強く否定していた。にもかかわらず桓武は一切の弁明を認めず、早良を廃太子とし、淡路島に流すことに決め、乙訓寺《おとくにでら》（現・京都府長岡京市）に幽閉してしまった。

憤激した早良は、以後一切の飲食を絶ち、それから十数日後、淡路島へ向かう船の中で息絶えた。が、遺体はそのまま淡路島に送られ、同島に埋葬された。

また、事件関係者にも厳しい処罰が下った。大伴継人、佐伯高成、大伴真麿《おおとものまろ》、大伴竹良ら六名は斬首となった。とくに実行犯の近衛伯耆桴麿と中衛牡鹿木積麿は、橋のたもとで公開処刑された。

桓武天皇の事業といえば、遷都とならんで蝦夷征討事業がよく知られている。とくに**坂上田村麻呂**を**征夷大将軍**に任じて東北へ遠征させたことは有名だ。

宝亀十一年（七八〇）、朝廷に服していた蝦夷のリーダー**伊治呰麻呂**《これはりのあざまろ》が反乱を起こし**多賀城**（朝廷の拠点）を攻め落とした。反乱は太平洋側の陸奥国だけではなく、日本海側の出羽国まで広がり、東北地方は朝廷の支配下から脱する状況になった。そこで桓武は、延暦七年（七八八）、参議の**紀古佐美**《きのこさみ》を征東大使に任じ、五万以上の兵を胆沢《いざわ》地域（北上川中流）へ派遣したが、翌年六月には蝦夷の首長・**阿弖流為**《あてるい》軍に逆襲され、朝廷軍は大敗を喫してしまった。桓武は「司令官たちの作戦が悪い」と叱責するが、逆に司令官たちは「遠征軍が疲弊しているので撤退してもよいか」と打診してきた。

桓武はこれを許さず、延暦十年（七九一）、大伴弟麻呂《おおとものおとまろ》を征夷大使に任じて平定にあたらせた。このとき副使となったのが坂上田村麻呂であった。田村麻呂は身長一八〇センチ、胸板が三六センチもあり、赤ら顔で金色のあごひげが生えていたという。その眼光の鋭さは、猛獣もたちまち斃《たお》れるほどだが、眉をゆるめて笑えば、幼児もすぐになつくような優しい顔だったという。ちなみに坂上氏は渡来人系の家系で、多くの武人を輩出している。延暦十三年（七九四）、田村麻呂は十万の大軍で東北へ向かい、四百五十七の首をとり、村落七十五カ所を焼き払った。

三年後、再び田村麻呂は征夷大将軍として四万の軍勢で胆沢《いざわ》地方にまで進出し**胆沢城**を築き、さらに北上して**志波城**《しわ》を構築、ついに敵将の阿弖流為を服属させた。田村麻呂は綿密に作戦を立ててから勝負を挑み、部下にも寛容で統率力があったから、士卒は死力を尽くして戦ったとされる。田村麻呂は阿弖流為を京都に連行し、彼の助命を嘆願したが、貴族たちは河内国杜山《もりやま》で処刑してしまった。これに激昂した蝦夷は、再び反抗をはじめた。

ところで桓武は、早良にかわって我が子・安殿《あて》親王を皇太子にすえた。だが、安殿は原因不明の奇病にかかってしまう。そこで伊勢神宮に人を使わせて平癒を祈ったが効き目がないので、延暦十一年（七九二）に陰陽師に占わせたところ、なんと早良親王の祟りであると出たのである。これより前、桓武の夫人藤原旅子《たびこ》、母の高野新笠、皇后藤原乙牟漏《おとむろ》などが立て続けに没しており、東北地方では蝦夷の反乱が猛威をふるっていた。弟の仕業だと知った桓武は、すぐさま淡路島にある早良の墓所を掃き清め、僧侶を遣わして供養したが効果がない。そこで近くに墓守をおいたり寺院を建てたりしたが、それでも怨霊が荒ぶるので、ついに早良の遺骸を旧平城京に移し、**崇道天皇**《すどう》という諡名《おくりな》を与えたのである。

この頃から桓武は、周囲の異変を極度に畏怖するようになり、宮廷の門が倒れ、牛が下敷きになって圧死すれば、「自分は丑年生まれだから、次は自分が死ぬのだ」と口走るなど、ひどいノイローゼ状態になってしまう。

延暦十三年（七九四）に長岡京を捨てて**平安京**に遷都したのも、早良の怨霊から逃れるためだったというのが、近年、かなり有力な説になってきている。

いずれにせよ、二度にわたる遷都と東北の蝦夷征討という二大事業が民を疲弊させ財政難を招いた。

このため桓武は、延暦二十四年（八〇五）にこの二大事業を含め、今後の政治のあり方を参議の**藤原緒嗣**《ふじわらのおつぐ》と同じく参議の**菅野真**《すがののま》**道**《みち》に議論させた。ぞくに**徳政論争**《とくせいろんそう》という。

真道は強く事業の継続を主張したが、緒嗣は「方今、天下の苦しむところは**軍事（蝦夷征討）**と**造作**《ぞうさ》**（平安京の造営）**となり。この両事を停むれば百姓安んぜん」（『日本後紀』）と述べたので、桓武は緒嗣の意見を採用したという。

つまり、平安京＝京都は、未完のままの都となったのである。

翌年、桓武天皇は死去するが、このおり、「種継事件に関わった人びと、さらに井上皇后の呪詛事件関係者の罪をすべて許す」と告げて没した。ということはすなわち、他戸親王を皇太子から追い落とした黒幕もじつは桓武だったのかもしれない。

もちろん最後の言葉は、無実の罪で死に追いやった人びとを許すことによって、来世で自分の罪を免れようとしたものと思われる。

▼天皇と上皇の対立・薬子の乱

早良親王にかわって皇太子となった桓武天皇の長男・安殿親王は、藤原縄主《ただぬし》の娘を夫人とするが、このとき縄主の妻も娘の世話をするため、東宮宣旨《とうぐうせんじ》（皇太子付の女官）として後宮入りした。彼女の名を**薬子《くすこ》**という。

薬子は縄主とのあいだに三男二女がおり、どんなに若くても三十代前半になっていたと思われる。だから安殿親王との年齢は、少なくても十歳程度の開きはあったはず。だが、いつしか安殿は、義母の薬子と性愛関係を持ってしまう。この事実を知った桓武天皇は、薬子を宮廷から追い出してしまった。

七十歳で桓武が死去したさい、臨終の席で安殿親王は、父親の棺にすがって泣き叫びながら手足をばたつかせ、ついに立つこともできなくなり、人に支えられて退出したものの、それから一週間は粥しか食べなかった。三十歳を超えているよい大人が、いくら父親の死が辛いからといって、なんとも異常な反応ぶりである。そうしたことから研究者の多くは、安殿親王は何らかの精神的な病をかかえていたのではないかと考えている。

事実、若いころ「風病」と呼ばれる奇病にかかり、これを早良親王の祟りだと恐れた父の桓武天皇が、息子の平癒を願って祈祷したことはすでに述べた。

ともあれ桓武の死後、安殿親王は、即位して**平城天皇**《へいぜい》となった。平城は、延暦《えんりゃく》から大同《だいどう》へ改元し、太政官の参議を**観察使**《かんさつし》として各地方へ派遣、その報告をうけて地方政治の改革に取り組んだ。また、下級官吏の待遇を改善し、経費節減のため官庁の機構を整理・統合した。このまま改革が進んでいたら、平城天皇の治世は、後代の人びとから讃えられたことだろう。ところが大同四年（八〇九）四月、平城は急に実弟の神野《かみの》親王（のちの**嵯峨天皇**）に皇位を譲って引退してしまう。

風病が再発し、政務がとれないほど衰弱してしまったからだ。発病のきっかけは、伊予《いよ》親王事件にあったとされる。

伊予親王は、藤原吉子《ふじわらのよしこ》を母とする平城天皇の異母弟。その伊予親王が謀反をたくらんでいるとの密訴があった。これを信じた平城は、伊予とその母・吉子を大和国川原寺に閉じ込めた。食べ物が与えられなかったことで、伊予親王とその母は服毒自殺をしたらしい。ただ、この事件は、薬子とその兄・**仲成**《なかなり》がでっち上げたものだったとされる。

じつは平城が皇位につくと、薬子は再び宮廷に戻り、典侍《ないしのすけ》から尚侍《ないしのかみ》に昇進していた。尚侍は尚侍司《ないしのつかさ》の長官で、詔勅の発布にたずさわり、天皇の命令を太政官（政務機関）に伝えたり、臣下の言葉を天皇に伝えたりする、いわゆる秘書的な役職だった。

これにより薬子は、おおっぴらに平城天皇と行動を共にすることができるようになった。しかも、大胆にも薬子は、平城天皇の寝室にまで出入りし、『**日本後紀**』によれば、さまざまな頼み事をし、それが聞き入れられないことはなく、逆に薬子に睨まれるとあらぬ悪口をいわれてしまうので、貴族は彼女のことを畏怖したという。

こうした不倫を、薬子の夫・縄主は黙って見ているしかなかった。相手が天皇であり、さらに彼自身は大宰府の長官として遠く九州に単身赴任していたからだ。おそらく、邪魔者として平城が敬して遠ざけてしまったのだろう。哀れな男である。

ちなみに薬子と仲成が伊予親王を自殺に追い込んだのは、彼が故・桓武天皇に寵愛されており、病弱な平城天皇が退位したあと、伊予親王が帝位につくようなことがあれば、自分たちの権力は弱体化すると恐れたためではないだろうか。

だが、この事件は、結果として裏目に出た。先述のとおり、平城天皇が伊予親王の怨霊に苦しみはじめ、にわかに天皇の地位を放り出してしまったからだ。

さらに平城は、怨霊のために体調を崩し、祟りから逃れるために平安京から離脱し、なんと奈良の平城京に新たな宮殿を建てて住みはじめたのだ。ただ、これで平城はみるみる元気を取り戻した。そうなってみると、薬子兄妹は、再び平城に皇位についてもらいたいと強く願うようになった。平城も、がぜんやる気を見せはじめていく。

そして、尚侍の薬子を用いて、たびたび政治に口を挟み出したのである。

危機感をおぼえた嵯峨天皇は、上皇勢力をおさえるため、**蔵人頭**《くろうどのとう》という秘書官長のような新職をもうけ、尚侍の職に取って代わらせた。

すると平城上皇は、嵯峨天皇の許可無く、観察使という制度を廃止した。先に触れたように、地方政治の実態を把握するため、平城は参議を観察使として各地へ派遣したが、この法令により、再び観察使は参議に復したのである。なお、参議経験のなかった仲成も観察使に任命されていたが、この法令が出たことで自動的に参議となった。

参議は、朝廷の太政官（最高政務機関）の一員である。つまりこの措置は、仲成を参議にして朝廷の太政官のなかに送り込み、政治の実権を握ろうとする平城方の策略だと思われる。こうした状況を見て、平城上皇のもとにはせ参じる公卿（政府高官）も現れはじめた。世人は、「まるで平安京と平城京の二カ所に朝廷があるようだ」といって、そうした状態を**「二所朝廷」**と呼ぶようになった。

弘仁元年（八一〇）九月六日、平城上皇はついに還都令を出した。貴族たち全員に対し、平安京から奈良の平城京へ移ることを命じたのである。

ここにおいて嵯峨天皇は、上皇方との対決を決意、伊勢・近江・美濃にある関所を軍隊で固め、宮中の警備を厳重にしたうえで、平安京に来ていた藤原仲成を捕縛し、翌日に射殺したのだった。これに激怒した平城上皇は、挙兵のため伊勢を目指そうと平城京を発した。薬子も平城上皇と行動を共にした。同国で兵を集めて天皇方と戦うつもりだったのだろう。しかし、それより早く嵯峨天皇は、勇将の坂上田村麻呂を派遣しており、大和国添上郡《そえかみぐん》で田村麻呂に行く手を遮られた平城上皇は、もはやこれまでと、平城京へ戻って出家してしまった。

いっぽう薬子は、事ここに至り、毒をあおいで自殺したと伝えられる。こうして薬子が描いた平城復位の夢は、潰えたのだった。ちなみにこの変後、平城上皇に処罰がくだされることはなく、剃髪した上皇はそのまま平城京に居所をかまえ、それから十四年後の天長元年（八二四）、五十一歳で崩御した。

4　摂関政治と天皇

▼藤原氏の台頭と他氏排斥

桓武天皇、平城天皇、嵯峨天皇など平安初期の天皇たちは、強い権限を握ってみずから親政をおこない、律令国家の立て直しに力を尽くした。

嵯峨天皇の次は、皇太子の**高丘親王**《たかおかしんのう》が天皇になるはずだった。高丘は、平城天皇の第三皇子で、平城が病のために弟の嵯峨に皇位を譲ったさい、皇太子になった。

だが、薬子の変に連座し、高丘は皇太子の地位を剥奪されたのである。以後十数年、高丘は醍醐山科に幽居していたが、弘仁十三年（八二二）、朝廷より四品の位を授《さず》かり自由の身になった。高丘には三子がいたが、彼は子供たちを捨てて出家し、真如と称して三論宗《さんろんしゅう》の道詮《どうせん》や禅林寺《ぜんりんじ》の宗叡《しゅうえい》に師事して仏道修行に励むようになった。やがて高丘は空海の弟子となる。「天資聡敏《てんしそうびん》」といわれた高丘は、阿闍梨《あじゃり》（仏僧の高位）の地位を得、承和二年（八三五）、朝廷より奈良の地に三十余町を与えられて二寺を建立した。斉衡二年（八五五）には、壊れた東大寺大仏の修復責任者となり、貞観二年（八六〇）、百官の居並ぶなか大仏の落成供養を取り仕切っている。

廃太子という不運に見舞われた高丘だったが、このように、仏教界で栄達したのである。

晩年、高丘は弟子二十名を連れて全国修行の旅に出、旅の途中で突如、大陸（唐）へ渡ろうと決意、大宰府から船出した。以後、高丘は一年近く唐の諸寺院をめぐり、やがて洛陽から長安の西明寺へ入り、さまざまな高僧に仏法を尋ねるが、どうしても納得できる回答を得られない。そこでなんと、仏法の真理を求めて天竺、すなわち西インドへ渡航することを決めたのだ。すさまじい求道精神といえよう。

貞観七年（八六五）、高丘親王は唐の勅許を得るや、弟子三人とともに船でインドをめざして旅立った。ただ、残念ながらインドへ到達することはできず、途中の羅越国《らえつこく》（現在のシンガポール）で没したという。熱病に冒されたとか、虎に襲われたなど、死因についてはさまざまな説があるが、なんとも破天荒な人生だ。

第五十二代嵯峨天皇の後を継いだのは、桓武天皇の第三皇子である**淳和《じゅんな》天皇**だ。淳和天皇は地方政治の立て直しに力をいれ、能力ある人物を高い位に取り立てるなどして、政治的には大変安定していた。淳和は、天長十年（八三三）、甥で嵯峨天皇の第一皇子である正良《まさら》親王に皇位を譲って上皇となった。正良は即位して**仁明《にんみょう》天皇**（第五十四代）となった。

皇太子には、**恒貞《つねさだ》親王**という淳和天皇の第二皇子（仁明の従兄）が就任した。ところが承和九年（八四二）、**伴健岑《とものこわみね》**、**橘逸勢《たちばなのはやなり》**らが皇太子の恒貞を奉じて挙兵し、朝廷を転覆させようというたくらみが発覚、健岑と逸勢は逮捕されて配流され、恒貞も廃嫡されたのである。これを**承《じょう》和《わ》の変**と呼ぶが、じつはこの事件は、朝廷の実力者・**藤原良房《よしふさ》**の陰謀だった。

良房は、甥の道康《みちやす》親王（仁明の第一皇子で、のちの**文徳《もんとく》天皇**）を皇太子にするため、事件をデッチ上げたのである。良房は嵯峨天皇のとき、蔵人頭（秘書官長）に抜擢された**藤原冬嗣《ふじわらのふゆつぐ》**の息子で、やはり嵯峨天皇に気にいられて、その娘を妻とするなど、朝廷内で力を伸ばしていた。

なお、皇太子を廃された恒貞は、淳和院東亭子《じゅんないんひがしのていじ》（淳和天皇の離宮、現・京都市右京区）に隠棲し、嘉祥二年（八四九）に三品に叙されるが、まもなく出家して恒寂《こうじゃく》と改め、仏道修行に励むようになった。貞観十八年（八七六）に大覚寺が創建されると、同寺の開祖となる。元慶八年（八八四）、乱行によって**陽成《ようぜい》天皇**が廃位されたとき、恒貞は**藤原基経《もとつね》**（良房の養子）から即位を要請されるが、かつて自分を失脚させた良房の跡継ぎに協力したくないと思ったのか、その依頼を受けなかった。そして同年九月、六十歳の波乱の生涯を閉じたのである。

承和の変に見られるように、九世紀半ばから十世紀前半は、藤原氏北家が他氏を排斥して急速に力を伸ばす時期にあたる。

文徳の次の**清和天皇**は、文徳の第四皇子である。文徳が没したのでわずか九歳で即位し、その実権は外祖父である藤原良房が握った。良房は、臣下としてはじめて清和天皇の摂政となった。続く第五十七代**陽成天皇**は、清和天皇の第一皇子であったが、同じく九歳で父から譲位されて皇位についたものの、乱行や奇行がひどく「物狂帝」と呼ばれ、時の権力者であった藤原基経によって退位させられた。まだ十七歳で上皇になった陽成は、なんと八十二歳まで生きた。

陽成天皇にかわって皇位についたのは、五十五歳の時康《ときやす》親王であった。当時としては、もう老人だ。この時康が第五十八代**光孝天皇**《こうこう》である。なぜ基経が時康を天皇にしたかはよくわからないが、自分の従兄であったことと、政治にあまり関心を持っていなかったこと、質素な生活をし、その態度も天皇にふさわしかったからだといわれる。じっさい光孝天皇は即位すると、政治を一任する**関白**という役職を新たにつくり、基経をこれに任じて政務の一切をまかせている。

▼阿衡の紛議と菅原道真の登用

光孝天皇は、自分が即位するとは夢にも思っていなかったから、子供たちすべてを**臣籍降下**《しんせきこうか》

させてしまっていた。皇族の身分を離れて臣下の籍に入れることを臣籍降下というが、その目的は皇族を養う朝廷の財政負担をなくすためだった。

このため光孝天皇が重い病にかかると、天皇の第七皇子で臣籍降下していた源定省《みなもとのさだみ》が再び親王に復帰して皇太子となり、光孝の崩御にともない即位した。これが第五十九代**宇多天皇**である。即位にさいして宇多は、太政大臣の藤原基経に「これまでどおり、すべて政治を取り仕切ってほしい」という旨の勅書を出した。これを基経は形式的に辞退するが、天皇はそれをやはり形式的に退け、政務の総括を求める勅答を発した。ただ、その文章の末尾に「**阿衡**《あこう》の任を以て卿（基経）の任となすべし」と書かれてあった。この一文が大問題に発展したのである。

この文章は、基経のことを阿衡と謳われた殷《いん》（古代中国）の名宰相・伊尹《いいん》にたとえたのだが、基経は「中国では阿衡という役職は単なる名誉職で、実際の職掌（実務）がない。俺を棚上げにして政治に口を挟むなということか」と激怒し、一切の政務から手を引いて、朝廷に出仕しなくなってしまったのである。

これに仰天した宇多天皇は基経に謝罪するが、彼はへそを曲げたまま、政務をとろうとしなかった。これは、宇多天皇が藤原氏の外戚でないため、強い示威行動を見せたのだとされる。

また、文章を起草したのは**橘広相**《たちばなのひろみ》であったが、彼は娘を宇多天皇のもとに入内させ、皇子が生まれていた。このままでは広相が外戚となる可能性もある。つまり広相を失脚させるための策謀だったともいわれている。

この窮地を救ったのが**菅原道真**だった。菅原氏は、学者を輩出する中級貴族の家柄だったが、道真の祖父・清公《きよきみ》はたいへんな秀才で、方略試《ほうりゃくし》（最難関の官僚登用試験）に合格し、大学頭や文章博士《もんじょうはかせ》を歴任した。道真の父・是善《これよし》もやはり方略試に受かって晩年は参議（国家の閣僚）にまでのぼった。しかし道真は、この二人以上に頭が良かった。式部省が主催する文章生《もんじょうせい》にわずか十八歳で合格し、さらに二十六歳で方略試をパスしている。これは祖父・父に比較して数年早い。以後道真は、治部省、兵部省、民部省、式部省の官僚を歴任し、元慶元年（八七七）に式部少輔のまま、文章博士を兼任した。文章博士の定員は二名で、学者貴族の頂点に立つ役職といえた。

阿衡の紛議がおこったとき、道真は讃岐国の国司だったが、文章道の頂点に立つ立場ゆえ、急ぎ上京し、広相をかばって基経を諫める意見書を提出した。理路整然とした主張に、これを一読した基経も怒りをしずめ、紛議は急速に解決に向かったといわれている。

この働きによって、宇多天皇は道真を厚く信頼するようになり、基経の死後、すさまじい勢いで道真を取り立てていった。

道真は官職として、蔵人頭、参議、式部大輔、中納言、春宮権大夫《とうぐう》、民部卿をつとめ、寛平九年（八九七）には権大納言にまで進んだ。宇多天皇は藤原氏を外戚としない天皇なので、同氏を抑える対抗馬として有能な道真を取り立てていったのだろう。

道真は父の死後、菅家《かんけ》廊下《ろうか》を主宰するようになった。菅家廊下というのは、祖父・清公が開いた菅原氏の私塾。学問の大家である菅原氏の私塾には、官僚試験合格を目指す貴族の子弟が競って入学した。そのため道真の代には、国家の上級官僚の半数近くが菅家廊下の出身者で占められるようになっていた。道真が国政で大きな力を発揮できたのは、彼らの支援があったればこそだった。かくして菅家廊下の官僚群を率いた道真が、八九〇年代から政務を統轄するようになっていく。

寛平六年（八九四）、道真は遣唐大使に任命されるが、この命令を受けてからすぐ、**遣唐使を中止**すべきだとする建白書を朝廷に出し、それが承諾された。

遣唐使が初めて派遣されたのは、舒明二年（六三〇）のこと。以後、二百年の間に二十回近くにわたって派遣され、朝廷は積極的に大陸文化の摂取につとめてきた。実際、遣唐使は日本の政治や文化の発展に大きく寄与した。だが、道真の頃になると、唐から学ぶべきことは少なくなっており、一方で、反乱によって同国の治安も悪化し、無事に都の長安に到着できるかどうかも怪しかった。両国間では盛んに私貿易がおこなわれており、国家が莫大な費用をかけて遣唐使を派遣する意味がなくなっていた。事実、六十年近く遣唐使は派遣されていなかったのである。

土地課税
荘園整理
賤民の廃止
ぜーんぶ醍醐天皇の成果でーす
菅原 道真
藤原 時平
わっ私がやったのに……!!
ドン

だが、道真の功績は遣唐使の中止だけではない。上智大学の平田耿二教授は、その著書『消された政治家菅原道真』（文藝春秋社）のなかで、道真は「大化改新以来の巨大な政治改革」を断行したと述べている。

男子を女子とする偽籍によって税を逃れようとする農民への人頭税を廃し、土地自体に課税するシステムの導入を目指し、国家財政を立て直そうとしたというのである。また、貴族や寺社の荘園に対しては、きちんと関係書類を審査して、所有権のあいまいなものは国家に公収しようとしたともいう。さらに道真は、人間扱いされず単なる労働力として売買の対象になっていた賤民を廃止し、家人へ昇格させたとも主張する。

こうした大きな改革を実行したにもかかわら

ず、その功績は政敵・**藤原時平**《ときひら》らによって抹消され、すべて**醍醐天皇**の**延喜**《えんぎ》**の治**の成果として組み込まれてしまったのだと平田教授は力説する。

寛平九年（八九七）、宇多天皇は、十三歳の息子・醍醐に譲位した。このとき宇多は、醍醐天皇に「菅原道真と藤原時平の助言を得て政治をとるように」と訓戒している。それからまもなく、菅原道真は右大臣に就任した。さらに延喜元年（九〇一）、藤原時平とともに従二位に昇進する。中級貴族が藤原氏と肩を並べた瞬間である。こうした道真の栄達に、周囲の貴族や学者たちは激しい嫉妬を覚えた。道真もそれをひしひしと感じ、右大臣の辞退を醍醐天皇に申請するようになっていった。だが、道真の勢力に恐れを抱いていた藤原時平は、このチャンスを見逃さなかった。

「道真が宇多上皇の許可を得て醍醐天皇を廃し、娘婿の斉世《ときよ》親王《しんのう》（醍醐の弟）を即位させようとたくらんでいる」

そう醍醐天皇に讒言したのである。天皇はこれを信じ、藤原氏とともに道真を失脚に追い込んだのである。かくして道真は、大宰府へ左遷されたのだった。

二年後、道真は憤死する。天変地異がはじまったのはそれからまもなくだった。また、藤原時平をはじめ、道真を追いやった人々が次々と死んでいった。これは道真の祟りに違いないと信じた貴族たちは、その怒りを鎮めるため、朝廷はこれを雷神として崇め祀り、鎮魂のため北野天満宮や大宰府天満宮を設立したのである。そんな雷神が学問神になったのは、道真が学者の家に生まれ、あまりに明晰な頭脳の持ち主だったからだろう。

ちなみに斉世親王は、道真が失脚すると、ゴタゴタを嫌って仁和寺に入り、剃髪して真寂《しんじゃく》と称し、やがて円成寺に移って多くの仏教書を著し、延長五年（九二七）、四十二歳の若さで亡くなった。

▼摂関政治における天皇の役割

醍醐・**村上天皇**の時代は、摂政・関白がおかれなかったため、両天皇の治世を**延喜**《えんぎ》**・天暦**《てんりゃく》**の治**と呼んで理想的な治世だったといわれるが、この間も藤原北家の力は絶大であった。さらに村上天皇が亡くなると、左大臣の**源高明**《みなもとのたかあきら》が左遷されて（**安和の変**《あんなのへん》）他氏は完全に排斥され、藤原北家が必ず摂政・関白に就いて政治を動かすようになった。つまり、天皇の親政がおこなわれた聖世というのは、正しくないわけだ。

ところで、摂関政治の全盛期の天皇は、第六十三代冷泉《れいぜい》天皇から第七十代後冷泉《ごれいぜい》天皇までである。歴代天皇の名をあげれば、**冷泉・円融**《えんゆう》**・花山**《かざん》**・一条・三条・後一条・後朱雀**《ごすざく》**・後冷泉**の八人だ。

摂関政治というのは、藤原北家の一族が天皇の**外戚**（外祖父）となって摂政や関白の地位につき、天皇の後見人として政務を代行する政治をいう。

この時期の天皇には、大きな変化が見られる。

これまでのように上皇や皇后などが「天皇と同等の権能を行使しうる存在」ではなくなり、「天皇としての権能を行使しうる者が天皇一人に限定され、その天皇の手足となって律令制官僚機構を動かす直属の官僚群が形成されると同時に、天皇自身はそれらの官僚群などに囲まれ、人前にはあまり出ていかない存在となっていったのである」「この時代、天皇は強烈な個性を持った生身の権力者から、権力の中枢に位置しながらも、その存在感を希薄化させた一個の装置、あるいは制度へと変貌を遂げていく」（佐々木恵介著『天皇の歴史03　天皇と摂政・関白』講談社）のだという。

そして、その天皇という装置を手中にしたのが、天皇の外戚で藤原北家の「**氏長者**《うじのちょうじゃ》」（家督相続者）なのである。あくまで自分の娘や妹を天皇の后とし、生まれた男児を天皇にすえることが権力を握る条件なのであって、摂政や関白になることは付帯条項なのだ。ゆえに、同じように皇子を孫や甥に持つ人間が複数現れた場合、藤原北家のなかで熾烈な勢力争いがはじまるわけだ。

とくに**藤原道長**と**伊周**《これちか》の叔父・甥争いは有名である。二人とも娘や妹を**一条天皇**の后にしており、激しい権力闘争を展開した。結局、伊周の従者が花山《かざん》法皇に矢を射かけたために失脚し、道長が勢力争いに勝利した。道長の娘・**彰子**《しょうし》には、敦成《あつひら》親王（後一条天皇）と敦良《あつなが》親王（後朱雀天皇）が生まれる。

一条天皇の次に皇位についたのは、**冷泉天皇**と道長の姉・超子《ちょうし》との間にうまれた**三条天皇**（第六十七代）であった。三条天皇は三十六歳で帝位についたが、眼病に悩まされていた。すると道長は、自分の孫・敦成親王を天皇にしたいと思い、退位の圧力をかけるようになった。

じつは道長は、三条天皇にも娘の**妍子**《けんし》を入内させたのだが、なかなか男児に恵まれず、それゆえ、故・一条天皇と娘・彰子の間に生まれた敦成親王への譲位を三条に迫ったのだといわれる。

三条天皇は譲位を拒んだものの、ついに道長の嫌がらせに屈して、長和五年（一〇一六）、敦成に譲位した。こうして即位したのが**後一条天皇**である。ただ、譲位に際して三条は、我が子・敦明《あつあきら》を皇太子にすることを強く要望した。

道長としては、彰子の子で後一条の弟・敦良親王を皇太子にしようと考えていたが、最後は三条の要求に折れ、敦明の立太子を容認したのだった。

けれども翌寛仁元年（一〇一七）五月、三条上皇はあっけなく病没してしまう。そのため後ろ盾を失った敦明親王のそばには誰も近寄らなくなり、道長も冷淡な態度を取るようになった。自分の立場をよくわきまえていた敦明は、同年八月、自ら皇太子の地位を降りることを表明したのである。かくして同月、敦良親王が皇太子となり、敦明は小一条院という院号を授与されたうえ、准太上天皇となった。つまり、上皇（天皇を引退した人物）に準じる地位を与えられたのだ。なおかつ道長は、敦明の境遇に胸が痛んだのか、娘の寛子《かんし》を敦明に嫁がせた。こうして敦明は、道長から厚遇され、永承六年（一〇五一）、平穏に五十八年の生涯を閉じたのである。

ただ、この敦明親王を皇太子から引きずり降ろしたことが、道長に思わぬ災いをもたらした。敦明の妃は、左大臣藤原顕光《あきみつ》の娘・延子《えんし》で、二人の間には六人もの皇子や皇女があったが、夫は皇太子の地位を道長に引きずり降ろされ、なおかつ、道長の娘・寛子のもとばかりに通うようになり、延子のところに来なくなった。だから、延子は深く道長を恨むようになり、まもなく没した。これ以後、道長は胸痛の発作に襲われるようになる。道長はそれを延子の祟りだと思い、剃髪して延子の霊を慰めた。これによって病は回復へ向かうが、道長の顔は「老僧の如し」（『小右記』）といわれるほどに憔悴してしまう。

万寿二年（一〇二五）七月、愛娘の寛子が年若くして亡くなってしまった。彼女は食物を取らなくなって衰弱死したのである。いまでいう拒食症というやつだ。道長が寛子を見舞ったおり、寛子は「お前の敦明親王への措置はひどい！　その恨みで私が死ななくてはならないことは、まことに悔しい！」、そう道長に吐き捨てたという。これは、寛子の身体に延子が乗り移って語ったのだといわれる。これを聞いて道長は驚愕した。

臨終にさいして寛子は髪を切って出家の儀式をするが、このさい寛子に取り憑いていた怨霊は、「ああ胸がスッとした」と叫んだと伝えられる。それから一月も経たない八月五日、今度は娘の嬉子《きし》が死んでしまったのである。彼女は臨月を迎えていたが、不運にも赤疱瘡《あかもがさ》（麻疹の古名）にかかり、皇子を出産してからわずか二日後に息を引き取った。

連続する娘の死に、道長は大いに嘆き悲しみ、嬉子が没したときなどは諦めきれず、魂を呼び返そうと数々の秘法をおこなった。また、娘たちの葬式の際は涙を流し続け、その声も聞き取れないほどか弱くなってしまったそうだ。

が、不幸はそれだけで終わらなかった。二年後の五月、今度は僧になっていた息子の顕信《あきのぶ》が急死し、さらに九月には、娘で皇太后の妍子《けんし》が祈祷も効果なく、三十四歳の若さで病死してしまう。最愛の子供たちを次々に失って気力がなえたのか、同年十一月、病にかかった道長は危篤に陥る。天皇は道長の平癒を祈って、同月十三日、千人の罪人を大赦した。また、道長を救うためのさまざまな祈祷が各寺社で催された。しかしながら、一向に快方には向かわずに酷い下痢が続き、やがて背中に大きな腫れ物ができて飲食が絶え、言語もほとんど不明瞭になってしまった。

もはや死は免れないと判断した親族は、道長を**法成寺**の阿弥陀堂に運び込み、九体の阿弥陀仏から延ばした糸を握らせ、臨終をむかえた。享年六十二歳であった。

第二章　中世の天皇

平安・院政期〜戦国時代

中世は、武家の時代である。そのためこの時期、天皇の力は最も弱まったといえよう。だが、鎌倉幕府は将軍に皇族をすえるなど、政権を維持していくうえで、天皇の存在は必要不可欠だったのである。大きく、院政期、鎌倉時代、室町時代、戦国時代と四つに大別できるが、時代が後になればなるほど天皇の存在は希薄になっていく。

それではこれから、中世の天皇について簡単な流れを解説しよう。

摂関家の藤原頼通は、孫に皇子が誕生しなかったため、百七十年ぶりに摂関家を外戚としない**後三条天皇**が即位した。このため後三条は、摂関家に遠慮せずに政治をとり、事実上、摂関政治は終焉を迎えた。後三条は、第一皇子の貞仁《さだひと》親王を皇位につけ、その弟で第二皇子の実仁《さねひと》親王を皇太子とし、次に実仁が即位したら、その弟で第三皇子の輔仁《すけひと》を皇太子にしようと計画を立てた。だが、後三条は即位して数年で死去してしまう。

このため貞仁が即位して**白河天皇**となるが、皇太子の実仁が死去すると白河は、輔仁ではなく我が子の善仁《たるひと》親王を強引に皇太子にし、さらに翌年、八歳の善仁を即位させた（**堀河天皇**）。しかも慣例を破って、上皇になってからも権力を握り続け、堀河の死後も、孫の鳥羽、ひ孫の**崇徳**など幼い天皇のもとで実権を握った。こうした政治形態を院政というが、天皇は完全にお飾りとなった。

鎌倉幕府が成立し、**後鳥羽上皇**が**承久の乱**で幕府に敗れると、朝廷の政務に幕府が介入するようになる。さらに鎌倉中期以降、天皇家は**持明院統**と**大覚寺統**に分裂して醜い争いを続け、幕府が両統を仲介する状況となった。
後醍醐天皇が鎌倉幕府倒幕に成功し、京都に**建武政府**が誕生する。後醍醐はこれまでの慣例にとらわれぬ新しい政治を目指したが、独裁的傾向が強く、結局、**足利尊氏**の謀叛によって二年で建武政府は崩壊してしまう。しかし後醍醐は大和の**吉野**に走って南朝を樹立。尊氏が京都につくった北朝と南朝が並立する時代が六十年以上続く。そんな南北朝を合一したのが室町幕府の三代将軍**足利義満**だった。義満は我が子**義持**を将軍とし、さらに義嗣を天皇にして公武の上に君臨しようと、皇室の簒奪を目論んだとされる。だが、その死によって野望は潰えた。
八代将軍**義政**のとき、**応仁の大乱**が勃発、十一年間の戦いで京都の市街地は焼け野原になり、将軍の勢力も畿内にしか及ばなくなり、地方に独立権力を持つ戦国大名が勃興していった。室町幕府がそんな状態だったから、朝廷はもっと落ちぶれてしまった。戦乱を避けるため、貴族の多くが地方都市へ散ってしまい、財政難で朝廷の儀式は中断。**土御門天皇**が死んだときは、すぐに葬儀ができないほど、財政は逼迫してしまう。次の**後柏原天皇**が即位式をあげたのは、天皇になってからなんと、二十二年目であった。だが、そんな状態になっても、天皇家は細々と続いていたのである。いずれにせよ、この時期は、天皇家にとっては一番の存続の危機だったといえるのではなかろうか。

1 院政時代の天皇

▼院政という新しい統治形態

第七十一代**後三条天皇**は、なんと百七十年ぶりに誕生した摂関家（藤原北家）を外戚としない天皇である。

このため後三条は、摂関家に遠慮することなく親政をおこなうことができた。彼は違法な荘園（私有地）を次々と停止して公収していったが、摂関家のそれも例外ではなかった。後三条天皇はわずか数年で死没するが、この親政により摂関家の政治力は大きく低下した。

後三条は、第一皇子貞仁《さだひと》を皇位につけ、皇太子に第二皇子実仁《さねひと》、さらにその次に第三皇子輔仁《すけひと》を擁立する計画を立てた。そして、病が重くなった延久五年（一〇七三）、貞仁に譲位し、実仁を皇太子に立て、その年のうちに没した。

貞仁親王は、即位して**白河天皇**となったが、弟で皇太子の実仁が、応徳二年（一〇八五）疱瘡に罹患し、十五歳で亡くなってしまう。後三条の遺志を尊重するならば、白河天皇は当然、輔仁親王を皇太子に立てるべきであったが、彼は寵愛する藤原賢子《けんし》が生んだわずか七歳の我が子・善仁親王《たるひとしんのう》を皇太子に選定したのだ。

さらに驚くことに翌年、白河はさっさと善仁に譲位してしまう。善仁は**堀河天皇**となるが、幼年ゆえ政治は白河上皇が執ることになった。この異例の措置は、輔仁親王の勢力に対抗するためだったといわれるが、いずれにせよ、こうして院政がスタートするわけで、もし実仁親王が早世しなかったら、さすがの白河も、実仁を廃太子にしてまで善仁を皇太子にする強硬手段は取らなかったろうから、院政という政治システムは生まれなかった公算が大きい。歴史というのは、妙なものである。

白河は、有力な皇位後継候補者である異母弟の輔仁親王に皇統を渡したくないと考え、応徳三年（一〇八六）、にわかに八歳の我が子・善仁親王を堀河天皇として即位させたわけだが、自らは上皇となって以後も権力を手放さなかった。このようなことは、前代未聞である。

白河上皇は、自分の御所（院）に財産を管理する**院庁**という組織をつくり、**院司**《いんし》と称する職員たちに実務をとらせた。やがて院庁はその権限を拡大し、朝廷の太政官や国司などに**院宣**（上皇の命令文）をくだし、政務に大きく関与するようになった。また白河は、諸国の武勇にすぐれた武士たちを集め、**北面の武士**と呼ぶ軍事力を持つようになる。

こうした院司や北面の武士に登用された者たちは、白河上皇のお気に入りの者たちであり、**院近臣**《いんのきんしん》と呼ばれた。上級貴族もいたが、その中心は**受領**《ずりょう》層《そう》（国司の長官を務める中級貴族）だった。さらには下級貴族、僧侶、学者にくわえ、素性のはっきりしない人間たちまで含まれていた。

この、院政という全く新しい政治形態が生まれると、それまで権力の中枢から遠ざけられてきた者たちが、白河上皇のもとに群がり集まってきた。この中に、伊勢平氏の平正盛《たいらのまさもり》もいた。やがて平氏は院政のなかで力を伸ばしていき、次第に王権を圧倒することになる。

ただ、伊勢平氏も、もともとは天皇の血筋を引く一族であった。桓武天皇の曾孫・高望王《たかもちおう》が、「平」という姓を賜って臣籍（臣下の戸籍）に降下したことにはじまる。

臣籍降下《しんせきこうか》とは、財政上の理由などから皇族がその身分を離れ、臣下に下ることで、奈良時代から平安時代にかけてしばしば見られるようになった。のちに清盛の宿敵となり、鎌倉幕府という武家政権を樹立した源頼朝も、清和天皇の孫・経基王《つねもとおう》が臣籍降下したことに始まる家系だ。

いずれにせよ、天皇の血筋というものは、日本を支配するうえでは重要なものだったことがわかる。

▼鳥羽院政

堀河天皇はとても温厚な人柄であり、貴族たちの人望も篤かった。笛や笙《しょう》にもすぐれた腕前を発揮したという。政治は関白藤原師通《もろみち》の補佐をうけて熱心に見たが、いかんせん病弱であり、次第に白河上皇の力が強まっていった。嘉承二年（一一〇七）、堀河は二十九歳の若さで死去してしまった。次の皇位に就いたのは堀河の第一皇子であった宗仁《むねひと》親王であった。宗仁は大納言藤原実季《さねすえ》の娘である苡子《いし》を母として、康和五年（一一〇三）に生まれた。苡子は宗仁を産むとまもなく死没したので、宗仁は白河上皇のもとで養育された。そしてわずか五歳で即位したのである。この人が**鳥羽天皇**である。

鳥羽は藤原公実《きんざね》の娘・**璋子**《しょうし》と結婚、元永二年（一一一九）五月、中宮の璋子は鳥羽の第一皇子を産んでいる。顕仁《あきひと》親王である。鳥羽が十七歳のときのことだ。

だが鳥羽は、この顕仁を自分の子だと思っていなかった。そもそも璋子は、祖父白河法皇の愛人であった。璋子は幼くして父を失い、白河の愛妾である**祇園女御**《ぎおんにょうご》のもとで養育されていた。これを見初めた白河が、少女の璋子を自分の手元におき、数年後、愛人にしたのである。二人には四十八歳という年齢の開きがあった。

白河はやがて璋子を関白**藤原忠実**《ただざね》の嫡子・**忠通**《ただみち》に嫁がせようとした。ところが忠実は申し出を拒絶する。彼は二人の性愛関係を知っていたうえ、璋子が藤原季通《すえみち》ら複数の男性と逢瀬を重ねるなど身持ちの悪いことも知っていたからだ。すると白河は激怒し、忠実の文書内覧の権限を停止し、翌年、関白を辞職させてしまっている。

結局、璋子は鳥羽の中宮に落ち着いたわけだが、白河との男女関係はそれからも続いていた。そして生まれたのが顕仁だったのだ。

「人、皆これを知るか。**崇徳**《すとく》**院**（顕仁親王）は白河院（法皇）の御胤子云々《うんぬん》。鳥羽院（天皇）もその由《よし》を知ろしめして、『**叔父子**《おじご》』とぞ申さしめ給ひける」（『古事談』）

この不倫は、宮中では公然の秘密になっており、鳥羽も顕仁を「叔父子」と呼んで嫌ったという。形式的には我が子だが、実際は祖父の子、つまり自分の叔父にあたるという意味だ。

白河法皇は顕仁を溺愛し、鳥羽が政治力を持つようになった二十一歳のとき、強引に彼を退位させて五歳の顕仁を皇位につけた。こうして崇徳天皇が誕生する。この幼少天皇のもとで白河法皇は「**治天の君**」として絶大な権力を握り続けた。

しかしながらそれから六年後の大治四年（一一二九）、七十七歳でさすがの白河も息絶えた。これより、鳥羽上皇が治天の君として院政を開始する。祖父白河に押さえつけられていた鬱憤を晴らすかのように、鳥羽は人事を一新し、祖父にうとんじられていた藤原忠実などを政界に復帰させた。

この鳥羽院政時代、荘園（私有地）が急増していった。白河は後三条の政策を踏襲して、不法な荘園を抑制していたが、鳥羽は逆に自分に寄進される荘園をどんどんと認めていったからだ。その結果、荘園と**国衙領**《こくがりょう》（公領）が相半ばする状態となった（**荘園公領制**）。

また鳥羽上皇は、上級貴族や大寺社を**知行国主**《ちぎょうこくしゅ》とし、彼らに一国の支配権（知行権）を与えてしまった。知行国主となった者は、自分の子弟や側近を国守（国司の長官）に任命して国内支配をおこなわせ、国衙領から収益を得た。このようなシステムを**知行国制度**と呼ぶが、まるで国（地方行政区）の切り売りのような状況が生まれたのである。

鳥羽上皇は、不倫していた妻・璋子を愛し、彼女との間に多くの子どもをもうけたが、長承三年（一一三四）頃に**得子**《とくし》が入内すると、その愛に変化が生じた。得子は伊予守藤原長実《ながざね》の次女で、その美貌が鳥羽の目にとまったのだ。璋子より十六歳年下ゆえ、鳥羽は璋子にかわって、若くて美しい得子を溺愛するようになった。

そして得子が体仁《なりひと》親王を産むと、生後わずか三カ月で体仁を皇太子に任じ、三歳になると、巧みに崇徳天皇を退位させ、体仁を皇位につけた（**近衛天皇**）のである。

以後、鳥羽はこの近衛天皇のもとでさらに強権をふるうようになった。

ちなみに崇徳を譲位させるさい、鳥羽は崇徳に「体仁をお前の養子にして皇位を子に譲る形式にしてやる」と伝えた。弟ではなく子に皇位を譲るということであれば、鳥羽の死後、崇徳は治天の君として君臨することができる。ところがこの話はウソで、譲位の宣命には、体仁のことを「崇徳の皇太弟」と記してあった。

だが崇徳上皇は、この冷遇にじっと耐えた。まだ自分に治天の君になれる機会が訪れると信じていたのである。

久寿二年（一一五五）、待ちに待った機会が訪れた。近衛天皇が十七歳の若さで早世してしまったのだ。近衛には子がいなかった。いっぽう崇徳上皇には、重仁《しげひと》親王がいた。状況から考えて重仁以外に皇位継承者は考えられなかった。ところが鳥羽法皇は、崇徳の弟で二十九歳になる壮年の雅仁《まさひと》親王を即位させたのだ。

どうやら鳥羽は、不倫の子である崇徳の血統に皇位を渡すつもりはなかったようだ。はじめ鳥羽は、雅仁親王の皇子・守仁《もりひと》親王を天皇にしようと考えた。けれど父の雅仁は皇位に就いていないので、公家たちの反対を受けると思い、いったん雅仁を即位させ、すぐに譲位させて守仁を天皇にしようと考えたのである。

壮年天皇の即位は、院政では一度もなかったこと。ただ**後白河天皇**となった雅仁は、「文にも非ず、武にもあらぬ四宮（雅仁）」（『保元物語』）と揶揄された暗愚な男だったので、鳥羽も短期間なら容易に操れると判断したのだろう。

▼天皇家の分裂と保元の乱

だが、それからまもなく鳥羽法皇は病にかかって死んでしまう。

臨終のさい鳥羽は、寵妃・得子や関白の藤原忠通、**信西入道**《しんぜいにゅうどう》らに対し、崇徳上皇を滅ぼすよう伝え、その作戦をさずけた。

崇徳は父の危篤を知ると、御所へ出向いた。ところが鳥羽の近臣たちが「崇徳に自分の死に顔を見せるな」というのが法皇の遺言だといって面会を拒絶した。わざと暴発するよう挑発したのだ。激怒した崇徳は、鳥羽の葬儀にも顔を出さず屋敷（白河殿）に引き籠もった。

すると得子が、故・鳥羽院の用意したリストに従って有力な武士を召集していった。さらに得子は、崇徳に近しい実力者・**平清盛**も、鳥羽の遺志だと偽って呼び出した。

この情勢をみて驚いた崇徳上皇も、側近の左大臣・**藤原頼長**とはかって、遅ればせながら懇意にしている武士たちを集めはじめた。

だが崇徳方の劣勢は明らかであった。後白河天皇は、その拠点を東三条邸に移した。いっぽう崇徳方は、白河殿を兵でかためた。

最初に攻撃を仕掛けたのは、後白河天皇方だった。清盛や**源義朝**の軍勢が白河殿を激しく攻撃、不意を突かれた崇徳軍は大混乱に陥った。さらに殿中には火矢が打ち込まれ炎が広がったため、とうとう崇徳方は瓦解した。この間、煙にまぎれて崇徳上皇は、白河殿からの離脱に成功した。これが**保元の乱**である。

▼保元の乱に敗れ、怨霊と化した崇徳上皇

保元の乱で後白河天皇方に敗れた崇徳上皇は、合戦の翌日、知足院（京都市上京区）に近い僧坊に入り、ここで髪を落として出家し、仁和寺を目指した。仁和寺には、崇徳の末弟・覚性《かくしょう》法親王《ほうしんのう》がおり、崇徳は強引にその門をくぐったが、親王は面会せず後白河方へ通報した。崇徳

の行方を血眼になって探索していた後白河天皇は、すぐさま同寺へ兵を急行させ、その身柄を確保した。崇徳は実弟に裏切られたのであった。

崇徳上皇には、讃岐への遠流《おんる》が申し渡された。攻撃してきたのは相手側なので、崇徳は先例からいって処分は謹慎程度と考えていたようだ。そのため、計り知れぬほど大きいショックを受けたと思われる。

同年七月二十三日深夜、崇徳は天皇方の武士にものものしく警護され、車で仁和寺をあとにして配流地へ向かった。従う者は近習数名と女房三人だけだった。都を離れるまえ崇徳は、「父鳥羽法皇の御墓に参り、最後の別れをしたい。叶わぬか」と警固の兵に哀訴した。だが、そんなささやかな願いさえ、許されることはなかった。ずいぶんとむごい措置である。

都には　今宵《こよい》ばかりぞ　住の江の
きし道おりぬ　いかで罪みし

都を離れる日、崇徳上皇が詠んだ歌である。

一行は、草津から舟で讃岐国へ向かった。崇徳は舟の屋形に押し込められ、扉はすべて釘で厳重に打ち閉ざされたうえ、外から錠がかけられた。上皇に対する扱いとは思えぬひどさだ。

舟は十日あまりで讃岐国松山に着し、やがて崇徳は直島という離島に移座した。陸地から数時間も離れた無人島である。狭い敷地に高い土塀を巡らし、家屋ひとつ建てたのが崇徳の御所となった。門には厳重に鍵がかけられ、食事以外に人の出入りは許されなかった。美しい松林や青海原も眺めることもできず、上皇をなぐさめるものは、風の音と潮騒、千鳥の声、そして蒼天に浮かぶ月だけだった。

「ただ懐土の思い絶えずして、望郷の鬼とぞならんずらぬ」（『保元物語』）

このように、帰郷の念を断ち切れなかったのは、まだ一筋の希望があったからだ。弟の後白河は同母弟であった。それに彼がまだ雅仁と名乗っていた頃、後白河が母・待賢門院《たいけんもんいん》を失って悲しみに暮れていたのをなぐさめるため、崇徳は自邸に招いて同居したこともあった。だから今回のことは、ほとぼりがさめたら罪が解かれ、都に戻してもらえるのではないかと期待したのである。

崇徳は、三年の月日をかけて五部大乗経《ごぶだいじょうきょう》を写し、「鳥羽法皇の供養のため、御陵のある安楽寿院か石清水八幡宮に奉納してほしい」という手紙を弟の覚性法親王のもとへ送った。このとき崇徳は、切々と帰京の願いを訴えた別紙も添えており、そちらのほうに主眼があったことは、いうまでもない。

そこで覚性は、関白藤原忠通を通じて後白河に経典奉納の許可を願い出た。しかし、天皇の

近臣・信西が「罪人の直筆を都に入れるのは不吉です。ひょっとしたら、呪詛の念を込めたかもしれません」といったので、後白河はこれを許可しなかった。

弟に拒絶されたことを知った崇徳は、
「我、生きていても無益なり」（『保元物語』）
という絶望の言葉を吐き、その日から髪も爪も伸ばすにまかせ、天狗のような姿になった。この噂は都にも広がり、後白河天皇は真偽を確かめるため、平康頼《たいらのやすより》を現地へ遣わした。

讃岐で康頼が目にしたものは、煤《すす》けた柿色の法衣をまとい、髪も爪も伸び放題の、痩せこけて目の飛び出た崇徳だった。身の毛のよだつすさまじい姿に、康頼は崇徳と言葉を交わさずにその場から逃げ出してしまった。長寛二年（一一六四）八月二十六日、ついに崇徳は都に戻れないまま息絶えた。四十六歳だった。

死の直前崇徳は、自分が綴った五部大乗経を手にして、「日本国の大魔縁（大悪魔）となりて、皇（皇室）を取って民となし、民（庶民）を皇となさん」（『保元物語』）と魔界と契約を結び、己の舌先を噛み切って、したたり落ちる真っ赤な血潮で、経典に呪詛の文言を認め、荒れ狂う海に沈めたと伝えられる。

讃岐国松山の西ノ庄村（現・香川県坂出市）に野沢井という泉がある。没した崇徳の処置を朝廷に尋ねる間の約二十日あまり、その泉に崇徳の遺体は浸されていた。腐敗を防ぐためだ。この泉は、のちに薬水として効力を持つようになり、現在でも住人が利用しているという。

朝廷は、崇徳を白峰山《しらみねさん》で荼毘にふすことを命じたため、遺体は泉から引き上げられ山頂へ運ばれることになったが、移送の途中、にわかに暴風雨が吹きはじめた。供奉者《ぐぶしゃ》は、崇徳の棺を石の上に置いて雨の止むのを待った。しばらくして、嘘のように晴れ上がったので、再び山を登ろうと人々が柩を持ち上げたとき、石は真っ赤な鮮血で濡れていた。死後、二十日以上経っているのにである。その後、村人は祟りを恐れ、血が付着した六角形の大石を高家神社《たかやじんじゃ》に奉納した。やがて、この神社は「血の宮」と呼ばれるようになった。

白峰山で崇徳の死骸を焼いたとき、その煙りは低くあたりを這ったあと、やがて都のほうへと流れていったという。現在、この地は白峯御陵となっており、四国で唯一の天皇陵として、宮内庁が管理している。

　安元三年（一一七七）、後白河法皇の平家打倒の密謀が発覚、後白河は処罰を免れたものの、関係者は重刑に処せられた（**鹿ケ谷**《ししがたに》**の陰謀**《いんぼう》）。この年はまた、延暦寺の僧兵が強訴《ごうそ》と称して都に乱入を繰り返した。さらに、天然痘が大流行して多くの人命が奪われた。

「さては、崇徳上皇の祟りか」

　後白河はそう思うようになった。同年七月、朝廷は崇徳の霊を鎮めるため、崇徳に「崇徳院」の追号を贈った。しかし、怨霊は静まるどころか、むしろ次第にはっきりとその姿を現していった。

　翌年、平清盛の娘で高倉天皇の正妻・**建礼門院**が子供（後の**安徳天皇**）を出産したが、妊娠中に体調を崩したので原因を占ってみたところ、「崇徳の祟りだ」と出た。驚いた平家一門はすぐに崇徳の供養を執行している。

　治承三年（一一七九）、清盛の弟・教盛《のりもり》が妙な夢をみた。悪魔と化した崇徳が百騎を率いて木幡山（現・京都府宇治市）に陣取っている。なにやら周囲の武者たちが騒いでいるので、教盛が耳をすますと、「ここまではるばるやって来たが、崇徳上皇をどちらへお入れするか」と話し合っている。最後は清盛の屋敷へ入ることで決着がつき、上皇の輿と百騎は、木幡山から疾風のように飛び去った、というものだ。

気味悪く思った教盛は、その夢を清盛に告げたが、清盛は相手にしなかった。しかし、まもなく清盛は、後白河法皇を幽閉して平氏政権を樹立する。このとき教盛は「崇徳の霊が清盛に乗り移り、法皇を捕らえるという大それた行動をさせたのだ」と恐怖したといわれる。

一介の武士である清盛が、治天の君・後白河に代わって政権を握る。すなわち「皇を取って民となし、民を皇となさん」という崇徳の呪いが、ここに成就したのである。

こうして、平家が天下を取ってわずか四年後の寿永二年（一一八三）、今度は**源義仲**が上洛して平家を追い払い、都に居座るようになった。後白河は義仲を駆逐しようとしたが、怒った義仲から屋敷に矢を射込まれ、火を放たれた。後白河は命からがら逃れるが、この頃、海中に投じたとされる崇徳の五部大乗経を、元性《げんしょう》（崇徳の末子）が所有している事実が判明する。いつのまにか呪いの経典が、都に入り込んでいたのである。後白河は、心底崇徳の怨霊に恐怖し、同年、崇徳の魂を鎮めるため、保元の乱の戦場跡に粟田宮《あわたのみや》を建立した。だが、「後白河は怪異におびえて自邸を引き払った」というその後の記録が残っており、死の直前まで崇徳の怨霊に悩まされ続けたようだ。

建久二年（一一九一）、重病に冒《おか》された後白河は、病も崇徳の祟りだと信じ、崇徳を荼毘にふした白峰山に頓証寺《とんしょうじ》を建立させた。寺の建物は、朝廷の紫極殿を模した壮麗なものだった。

それから三カ月後、後白河法皇は崩御する。崇徳が呪詛をおこなってから、政権は平清盛、源義仲、**源頼朝**といった武士へ移り、後白河の後半生は、権力者から転落していくのを自覚しながらの、寂しいものになった。

驚くことに、関係者がすべて死に絶えたあとも、崇徳の怨霊は活動をやめず、ときおり世の中を混乱に陥れた。

時はくだり慶応四年（一八六八）八月、明治天皇は白峰山に勅使を派遣し、崇徳の霊を都に迎え、彼のために白峰神社を建てた。天皇はその宣命のなかで、「官軍に逆らう東北諸藩を速やかに平定させてください」と記した。当時官軍は、東北諸藩と戊辰戦争のさなかにあった。この戦争に勝てば、皇室に七百年ぶりに政権が戻ってくる。いまや最後の詰めの段階。それを、崇徳に阻止されることを心配し、新政府は崇徳を祭神として京都へ帰還させたのだ。

崇徳の望郷の願いは、七百年後にようやく達成されたのである。

▼保元・平治の乱後の天皇家の確執

鳥羽法皇はあくまで後白河天皇を中継ぎと考え、すぐに孫（後白河の長男）の守仁《もりひと》親王を即位させて権力を維持するつもりだった。だが、まもなくして鳥羽はあっけなく死去してしまい、そのまま保元の乱を迎えることになった。

ただ、守仁が王家の正統であることは貴族にとって周知の事実であり、保元三年（一一五八年）、美福門院得子の意向もあって、後白河天皇は息子の守仁に譲位した。こうして**二条天皇**が誕生したのである。

上皇となった後白河は、治天の君として院政をしくつもりだったが、二条天皇の側近だった藤原経宗《つねむね》や藤原惟方《これかた》などが天皇親政をおこなう姿勢を見せたため、それが難しくなった。

ちょうどそんなおり、院近臣である信西と**藤原信頼**《のぶより》の対立が激化し、平治元年（一一五九）十二月九日夜、藤原信頼は源義朝《みなもとのよしとも》の軍勢に後白河上皇の三条東殿を包囲させ、屋敷に火を放ち、邸内に乱入して後白河上皇の身柄を二条天皇のいる一本御書所《いっぽんのごしょどころ》に移した。

さらに逃亡した信西を死に追いやり、朝廷の実権を握ったのだ。このおり、二条天皇方の藤原経宗や藤原惟方も信頼に味方した。

平清盛は都を留守にしていたが、戻ってみると政変が起こっていた。そこで信頼に臣従するふりをして、密かに御所から二条天皇を脱出させ、六波羅にある自分の邸宅に迎え入れたのである。二条天皇が六波羅へ入ったことを知った朝廷の貴族たちは、信頼を見捨てて続々と六波羅へと向かっていった。清盛は二条天皇の勅命を受け、藤原信頼、源義朝と戦い、これを打ち破った。世にいう**平治の乱**である。

信西や藤原信頼といった院近臣を失い、後白河上皇の力は弱まった。このため若年ながら聡明な二条天皇が、叔父の大納言藤原経宗や乳兄弟の藤原惟方らの補佐を受け、天皇親政をはじめた。このように平治の乱後は、後白河と二条の共同統治のような状況が現出したのだ。

永暦元年（一一六〇）二月、後白河が藤原顕長《あきなが》の邸宅の桟敷《さじき》にのぼり、路上の庶民を呼んで歓談していたところ、藤原経宗と惟方の部下が「二条天皇のご命令です」といって、桟敷に板を打ち付けて外が見えないようにした。侮辱された後白河は清盛を招き、涙を流して経宗と惟方をこらしめてくれと頼んだ。そこで清盛は、二人を捕らえて内裏で体罪を加え、泣き叫ぶ声を後白河に聞かせてやった。その後、経宗は阿波国、惟方は長門国に配流された。また、天皇方の源光保《みつやす》・光宗《みつむね》父子なども処罰された。このとき清盛は、褒美として惟方が知行していた武蔵国を後白河から賜っている。

ところが翌年、二条天皇が報復に転じた。

同年、後白河の第七皇子・憲仁《のりひと》親王が誕生する。母親は清盛の義妹・**平滋子**だ。が、憲仁が誕生してまもなく、滋子の兄弟である時忠、滋子の叔父・信範《のぶのり》、清盛の弟で憲仁の傅役《ふやく》となった平教盛《のりもり》らが処罰されたのだ。みな後白河の近臣であり、二条天皇を廃し憲仁親王の擁立を企んだことが罪状であった。真偽はわからぬが、彼らを流罪に処すなど断固たる処分がなされた。

同時に二条は、後白河上皇の院政を停止し、次々と後白河方の貴族を首にし、経宗を配流先から召し返し、若き関白**藤原基実**《もとざね》と組んで、自ら政治をとるようになった。

このとき清盛は、妻の時子が二条天皇の乳母だったこともあり、失脚をまぬがれた。もちろん二条天皇とて、強大な軍事力を有する清盛を敵に廻すのはリスクが大きい。むしろ後白河から清盛を引き離すため、清盛を権中納言に昇進させ、自分の身辺警護をおこなわせるなど重用するようになった。

こうして二条政権が確立した。だが、一寸先は闇である。

永万元年（一一六五）、二条天皇が体調を崩し、急速にその病状が重くなっていたのだ。このため同年六月、二条は二歳の順仁《のぶひと》親王に皇位を譲った。二条としては、後白河法皇が寵愛する憲仁に位を渡さず、自分の直系を天皇にすえ、病から回復すれば院政を展開し、もし死んでも、順仁（**六条天皇**）を奉じて経宗や関白基実に政務をとらせようとしたのだろう。父親の復権は認めない、そんな執念すら感じる譲位であった。

こうして誕生した六条天皇は、二条天皇の第一皇子であった。だが、願いはむなしく、翌月、二条は若くして死去してしまった。

ここにおいて「治天の君」は後白河上皇に収斂され、院政が復活するのである。

永万元年（一一六五）十月、憲仁親王が皇太子（のちの**高倉天皇**）となった。このおり、東宮大夫（皇太子の役所の長官）に就任したのは平清盛であった。また、清盛の長男・重盛の妻・経《けい》子《し》が憲仁の乳母となった。さらに東宮坊（東宮御所）の職員には平氏一門が大勢送り込まれた。これでわかるとおり、清盛と後白河の政治的提携が成立したのだ。もともと憲仁は、妻の妹・

滋子の子であり、彼が天皇になるのは清盛にとっても有益だった。

翌月、清盛は内大臣となり、さらに翌仁安二年（一一六七）二月、従一位太政大臣に叙された。武士の太政大臣は、前代未聞のことであった。

▼平氏政権を樹立した平清盛は御落胤なのか

平清盛は武士でありながら、**太政大臣**になって朝廷に平氏政権を樹立した人物である。太政大臣というのは朝廷の最高職であり、そもそも当時、貴族にとって賤しい武士の出である清盛が、この役職に就いたこと自体、常識では考えられないことであった。

では、高校日本史の教科書（『詳説日本史B』山川出版、二〇一二年発行）では、そのあたりをどのように説明しているであろうか。

「平治の乱後、清盛は後白河上皇を武力で支えて昇進をとげ、蓮華王院《れんげおういん》を造営するなどの奉仕をした結果、一一六七年（仁安二）には太政大臣となった」

そう書いてある。しかし、後白河上皇の軍事力となったり、壮麗な寺を建ててやったりしただけで、果たして太政大臣にまでのぼりつめることができるものなのか。

太政大臣というのは、そんなに軽い役職ではない。天智十年（六七一）に大友皇子が太政大臣に任じられて以後、清盛までのおよそ五百年間に、たった三十人ほどしか就任していない重職なのだ。しかも、孝謙（称徳）天皇に寵愛された道鏡を除き、すべて皇族か摂関家（藤原氏）の出身であった。

さらにいえば、清盛の後も、太政大臣はずっと皇族や摂関家が就き、武士が太政大臣になるのは、二百年以上後の室町幕府三代将軍の**足利義満**まで待たなくてはならない。

そもそも伊勢平氏を滅ぼして、鎌倉に武士政権を打ち立てた源頼朝だって、朝廷での地位は権大納言に過ぎない。大納言というのは、太政大臣、左大臣、右大臣に次ぐ役職であり、しかも「権」というのは「定員外の」という意味で、正式な大納言より格下なのだ。

それを考えたら、やはり清盛の地位は極めて特殊であり、その栄達の理由は、彼の出自にあったと考えるのが自然だろう。ＮＨＫの大河ドラマで有名になったので、ご存知の方も多いと思うが、清盛が白河法皇の御落胤だという説がある。私も、清盛が天皇家の血脈を継ぐために、貴族社会も朝廷のトップに立つことを受け入れたのだと思う。

ところで清盛が忠盛の子として育てられることになった理由について、『平家物語』は次のように語る。ある夜、白河法皇は祇園に住む愛人・祇園女御《ぎおんのにょうご》のもとへ向かっていた。雨が静かに降る不気味な夜だったが、突如、祇園社の近く火を吐く銀髪の化け物が出てきたのだ。度肝を抜かした白河は、部下に向かい「あいつを斬れ」と叫んだが、このとき忠盛はすぐに刀を抜かず、冷静にその怪物を取り押さえ「化け物ではありません」と答えた。よく見ると、それは神官であった。灯籠に火をともすために外に出てきたのだが、雨なので蓑をつけ、油の火が消えないように口で吹いていた。それが、口から火を吹く銀髪の怪物に見えたのだ。白河は、忠盛の冷静な対応に感心し、祇園女御（女御の妹説あり）を忠盛に与えた。だが、この女性はすでに白河の子を妊娠しており、生まれた子供が清盛だったという。

現在、研究者も次第に「清盛御落胤説」を認めつつあり、やがてこれは定説となるだろう。皇族の血筋というのは、武士を政権に押し上げる力を持っていたわけだ。

▼清盛の孫・安徳天皇は壇ノ浦で死なず、密かに生き延びた？

安徳天皇は、高倉天皇（在位一一六八～一一八〇年）と清盛の娘・建礼門院徳子との間に生まれた子で、平清盛にとっては孫にあたる。清盛は、安徳が生まれるとすぐに皇太子とし、治承四年（一一八〇）、三歳で皇位につけて平氏政権を確立した。だが、その清盛が翌年に急死、各地に挙兵した源氏一族のために平家一門は西国に追われ、ついに源義経の追撃を受けて、壇ノ浦の戦いで滅亡した。

安徳天皇も平家一門と行動をともにし、舟戦での敗戦が決定的になると、按察局《あぜちのつぼね》（二位尼説あり）に抱かれ、「この波の下にも極楽浄土という都があります。そこへ参りましょう」と諭され、入水した。安徳は、わずか八歳であった。この悲劇は、『平家物語』の一節として長く語り継がれ、多くの人々の涙を誘ってきた。

だが、安徳天皇は、**壇ノ浦の戦い**で死ななかったとする説も昔から根強く、生存伝承が西国一帯に残っている。その陵墓と伝えられるものだけでも、二十カ所は下らない。

安徳を抱いて入水した按察局が、源氏方に救出されたこと。また、安徳の遺体が厳しい捜索にもかかわらず、ついに発見されなかったことが、噂や憶測を呼び、生存伝承を生むきっかけになったようだ。

そもそも壇ノ浦で入水したのは、安徳天皇ではなかったという身代わり説がある。『硫黄大権現宮御本縁』によれば、平時房《ときふさ》の七歳の娘に安徳の格好をさせ、身代わりに飛び込ませたという。また『鹿児島外史』は、平有盛《ありもり》の娘に安徳の被り物を付け、天皇に擬して海に沈めたとする。つまり、入水自殺したのは、女子だったというわけだ。

参考までにいえば、安徳はもともと女だったという珍説がある。当時女性は即位できない慣例になっていたが、どうしても外戚になりたかった清盛は、生後すぐから安徳を男に見せかける偽装工作を続けてきたというものだ。

話を戻そう。それでは、壇ノ浦で死ななかった安徳は、いったいどこへ落ちのびたのだろうか。

ここですべては紹介し切れないので、主な伝承だけいくつか紹介しよう。

最も有名なものは、身代わりに入水してもらっている隙に、密かに小舟で鬼界ヶ島（硫黄島）まで逃れ、この地に住みつき、六十八歳の長生を保って寛元《かんげん》元年（一二四三）に亡くなったという説である。驚くことに安徳の子孫といわれる家系はその後もずっと続き、太平洋戦争の終戦後、長浜天皇として一躍脚光を浴びた。

対馬の厳原《いづはら》には、安徳の陵墓といわれる墓所がある。壇ノ浦合戦後、運良く九州に漂着した安徳は、名を変えて筑前国から対馬へ渡り、薩摩の島津氏の娘を妻に迎え、なんと七人の子供をもうけ、建長三年（一二五一）四月、七十三歳の生涯を閉じたという伝承（『宗家御系図』）だ。そして、その子孫こそ、日朝貿易で活躍した対馬の宗氏なのだという。

因幡国《いなばのくに》の加露《かろ》ノ津《つ》の浦《うら》に漂着したとする伝説もある。安徳はこの場所に仮御所をつくったが、それから二年後、十歳で夭折してしまったという。安楽寺（鳥取県岩美郡国府町）の石堂と称する古墳は、安徳天皇の陵墓だと伝えられている。

四国の祖谷山《いややま》（徳島県三好市）や横倉山（高知県高岡郡）に臣下とともに逃げ込み、山中で余生を送ったという説もある。

このほか、生存伝承は数え切れないが、現在、宮内庁によって安徳の陵墓だと認定されているのは、下関市にある赤間神社阿弥陀寺陵である。

2　皇族将軍と皇室の分裂

▼朝廷が敗れた承久の乱

平安時代末期、天皇が東西に分立していた時代が存在することをご存じだろうか。

寿永二年（一一八三）、木曽義仲の軍勢が京都に迫ると、平氏は六歳の安徳天皇を引き連れ西国へ落ちのびた。朝廷の実力者・後白河法皇は、平氏に対して安徳天皇の還幸《かんこう》を求めるが、それが聞き入れられなかったことから新たな天皇の擁立を決定したのである。

有力候補は三人いた。安徳天皇の二人の弟、すなわち三宮惟明《これあき》親王と四宮尊成《たかひら》親王。そして平氏に挙兵した以仁王《もちひとおう》（後白河の皇子）の遺児・北陸宮《ほくろくのみや》であった。

結果的に即位したのは、四宮尊成親王だった。

占いで「吉」と出たからだとか、後白河法皇とその寵妃高階栄子《たかしなのえいし》に気に入られたからだなど諸説あるが、真の理由はよくわからない。

即位のとき尊成親王はわずか四歳、しかも三種の神器は兄・安徳天皇が持っているため、神器なしでの異例の即位となった。この尊成が、後の**後鳥羽天皇**である。

後鳥羽の不幸は、多芸多才であったことだ。和歌、蹴鞠、有職故実《ゆうそくこじつ》、管弦、囲碁などにくわえ、水練、相撲、弓術など武にも秀でていた。面白いことに刀造りも趣味の一つだった。「御所焼きの太刀」と呼ばれ、菊の紋章を入れて臣下たちに配ったという。皇室の家紋に菊を用いたのは、ここにはじまるという説もある。

また後鳥羽の性格は非常に勝ち気で、盗賊を自らねじ伏せるような剛毅な人であった。

そうした有能な男だったからこそ、のちに朝廷から頼朝が権力を奪って打ち立てた**鎌倉幕府**を、倒してしまおうという気持ちを抱いてしまったのであろう。

ただ、はじめから倒幕の志を抱いていたわけではない。建久三年（一一九二）に後白河法皇が死没する。それから六年後の建久九年（一一九八）、後鳥羽は上皇となって院政をはじめた。当時、まだ鎌倉幕府の支配は西国までおよばず、幕府と朝廷で政権を二分するかたちだったが、後鳥羽上皇と三代将軍**実朝**の関係はたいへん良好だった。

実朝は自分の歌集である『金槐《きんかい》和歌集』のなかで、

「山は裂け海はあせなん世なりとも　君にふた心わがあらめやも」

と後鳥羽上皇を敬愛する歌を詠んでおり、幕朝関係は安定していた。

ところが承久元年（一二一九）、その実朝が暗殺されてしまったのである。

同年一月二十七日、実朝は右大臣就任を感謝するため鶴ヶ岡八幡宮に参詣した。その帰り道、本殿から続く石段下にそびえる大銀杏の陰に潜んでいた僧形の若者が飛び出してきて、一刀のもとに実朝の首を刎ねたのである。犯人は二代将軍頼家の次男**公暁**《くぎょう》だった。公暁は、父を失脚させ死に追いやったのは、実朝だと信じていた。

公暁は三浦氏によって討ち取られたが、実朝の死により源氏将軍は絶えてしまった。そこで幕府は朝廷に「皇族を将軍に擁立したいので、皇子を東国へ派遣して欲しい」と依願した。

だが、後鳥羽はこれを拒絶する。将軍が不在になり政権が弱体化したいまなら、幕府を倒すことができると思い立ってしまったからだ。

かくして後鳥羽は密かに倒幕計画をすすめ、ついに承久三年（一二二一）五月十四日、流鏑馬《やぶさめ》揃えだと称して各地から兵を集め、全国の武士に対して幕府の執権・北条義時追討の院宣《いんぜん》を発し、千七百騎で挙兵したのだった。

世にいう**承久の乱**《じょうきゅうのらん》の勃発である。

後鳥羽が院宣を出すと、大番役（朝廷の警備役）として京都にいた関東の武士たちは、いずれも後鳥羽方に味方した。

こうした情報が東国に入ると、御家人は大いに動揺した。上皇という貴い存在に抗《あらが》うことは、いくら武士であってもためらわれた。たとえば、**北条義時**の嫡男**泰時**も、幕府軍の総大将を義時から命じられたさい、「朝廷軍を関東で迎え撃ちましょう」とか、「もう少し兵が集まるまで待ちましょう」などと、消極的な態度を見せている。義時はそれを叱咤して出立させるが、翌日、泰時は鎌倉に戻ってきてしまう。どうしても、義時に質したい疑問があるというのだ。それは「もし上皇が、自ら兵を率いて向かってきたなら、どうすればよいのか」というものだった。これに対して義時は、「上皇が出馬されたら、兜を脱ぎ弓の弦を切ってすぐに降伏せよ。ただし、そうでなければ敵兵をたたきつぶせ」と諭したという。いかに当時の武士が、朝廷と鉾《ほこ》を交えるのを苦痛に思っていたかがわかるだろう。

幕府は総勢十九万を派兵し、防衛ラインだった美濃国大井戸の渡しや杭瀬《くいせ》川《がわ》を難なく突破した。

後鳥羽方は全兵力を宇治川に集め、そこで決戦をもくろんだが、幕府軍は多数の溺死者を出しながらも敵前渡河を強行した。このため朝廷軍は防ぎ切れずに敗退し、勝負は決した。

危機的な状況になっても後鳥羽は自ら出陣しなかった。「自分が院宣を出せば、勝手に配下の武士が戦い、北条義時の首を持ってくるだろう」と安穏と構えていたともいわれる。

宇治川での勝戦の勢いに乗って、幕府軍はそのまま京に乱入してきた。このとき後鳥羽方の武士たちは御所に立て籠もり、最後の一戦をおこなって華々しく討ち死にしようと考えたが、なんと後鳥羽上皇は、門を固く閉ざして配下の武士を入れようとしなかったのである。あまりの仕打ちに山田重忠などは「大臆病の君にだまされ、無駄死にせんとするわ」と激しく門を叩きながら罵《ののし》ったと『承久記』にある。

戦後、後鳥羽は隠岐に流され、西国地方も幕府の力が及ぶようになっていった。この戦いによって二頭政治は終焉を迎え、幕府は朝廷を圧倒するようになったのである。

なお後鳥羽上皇は延応元年（一二三九）、配流先の隠岐で死去した。六十歳であった。流されてからすでに十八年の月日が過ぎていた。島では人里離れた源福寺境内を行在所《あんざいしょ》とし、和歌三昧の生活を送っていたと伝えられる。最期は寵妃の伊賀局亀菊に看取られて没した。

「われこそは新島守よ　おきの海の荒き波風　心して吹け」（『増鏡』）

配流先で後鳥羽上皇が詠んだ歌だと伝えられる。

▼宮将軍の登場

江戸幕府の将軍は全部で十五名。だが、鎌倉幕府の将軍は何人いるかと問われ、答えられない人が多いのではないだろうか。

それほど影が薄い存在なのだ。初代の源頼朝はわかっても、二代**頼家**、三代**実朝**あたりになるともう怪しくなり、四代以降を答えることができるのは歴史好きだけだろう。

前述のとおり、幕府は四代将軍として皇族をもらい受けようと後鳥羽上皇に申し入れをしたが拒絶された。そこで、皇族に次いで位の高い摂関家から将軍を迎えたのである。

それが摂関家の九条道家《みちいえ》の四男・三寅丸《みとらまる》である。三寅丸はわずか二歳。八歳のときに元服して**藤原頼経《よりつね》**と称し、翌年、正式に四代将軍に就任した。頼経は十三歳で二代将軍頼家の娘・竹の御前を正妻に迎えたが、妻の竹の御前はすでに二十八歳だった。

いまでいえば、中学校一年生が十五歳年上のOLと夫婦になったわけで、これで子供ができるはずもなく、それから四年後、竹の御前が病没したことで、短い結婚生活に終止符が打たれた。幕府は三代執権北条泰時のもとで安定していたが、仁治三年（一二四二）に泰時が五十九歳で死去すると、不穏な空気が流れはじめる。

その原因は、泰時の後を継いで四代執権となった**経時《つねとき》**の若さにあった。まだ十九歳の若者だったのだ。経時は、泰時の嫡孫。本来ならば泰時の嫡男時氏《ときうじ》が執権職を継ぐべきなのだが、時氏は泰時より前に早世したため、泰時の遺志で孫の経時が執権に就任したのだ。

これに不満を持ったのが経時の叔父にあたる**名越《なごえ》流北条光時《みつとき》**である。光時は政治力を持ちはじめた二十五歳の四代将軍頼経を奉じ、**三浦光村**らとクーデターを企んだらしい。

ところが寛元二年（一二四四）、これに薄々感づいた経時は、将軍頼経を無理やり引退に追い込み、頼経の息子・**頼嗣《よりつぐ》**を五代将軍にすえたのだ。頼嗣はわずか六歳。さらに経時は翌年、自分の妹・檜皮《ひわだ》姫《ひめ》を頼嗣と結婚させたのである。頼嗣はまだ七歳だ。いっぽう檜皮姫はもう十六歳。小学校一年生の男の子が十六歳の女子高生と結婚するようなもので、これもまた異常な婚姻関係である。おそらく経時は、自分が将軍頼嗣の外戚となることで、反対派を牽制しようとしたのだろう。

ちなみに引退した頼経は、「大殿」と呼ばれて幕府内に暗然たる力を持つようになった。ところが二年後、執権の経時が二十四歳という若さで死去してしまう。経時の子はまだ幼児で、彼を執権にすえるわけにはいかない。そこで北条氏は、経時の弟・**時頼**《ときより》を五代執権に就任させた。ただし彼も十九歳という若さだった。

名越流北条光時は、またも執権になることができなかったので、前将軍頼経と謀って評定衆（有力御家人）の三善康持《みよしやすもち》や千葉秀胤《ちばひでたね》、後藤基綱《ごとうもとつな》や藤原為佐《ふじわらのためすけ》などと結び、北条氏のライバル・三浦氏の後援を得ながら、密かに時頼の排斥を企んだ。

この情報を耳にした時頼は、若年ながら思い切った行動に出る。母方の親戚にあたる安達一族の応援を得て、鎌倉の入り口や市中をすべて封鎖させ、さらに渋谷一党らを派遣して前将軍頼経の御所を囲むという先手を打ったのだ。

このとき北条光時は、前将軍・頼経の屋敷に潜んでいたが、もはや計画は失敗したと悟り、髻を切って執権時頼に降伏した。かくして光時は伊豆に配流となり、関係者たちも続々と捕縛された。また、陰謀に加担したとされる前将軍頼経は、同年、京都へ送還された。

ただ、この事件の裏で糸を引いていた三浦氏は、非常に勢力が大きいため、あえて処罰しなかった。

その後、執権時頼は、高野山にいた外祖父の安達景盛《あだちかげもり》を鎌倉へ呼び寄せ、彼の補佐を得て政治を進め、宝治元年（一二四七）、ついに三浦泰村《やすむら》一族を滅ぼした。それから数年後、五代将軍頼嗣は、父の頼経同様、謀反の疑いをかけられ、京都へ送還された。時頼は摂家将軍の廃絶を断行し、かわって後嵯峨上皇の第一皇子**宗尊親王**《むねたか》（十一歳）を六代将軍に迎えたのである。これを**宮**（親王）**将軍**と呼び、以後、鎌倉幕府が滅亡するまで四代続くことになった。

ただ、宗尊親王は二十五歳のとき、宗尊の子で七代将軍となった**惟康親王**《これやす》も二十七歳のとき、やはり謀反の罪を着せられて京都に返されている。

八代将軍には、後深草上皇の子・**久明親王**《ひさあき》が就任するが、やはり彼も徳治三年（一三〇八）、三十二歳になると京都に戻っている。最後の九代将軍・**守邦親王**《もりくに》は久明親王の嫡男で、鎌倉幕府が滅亡したとき三十二歳だった。ゆえにもし幕府が存続していたらそろそろ京都に戻されたはずだが、不幸にも**新田義貞**の大軍が攻め込み、北条氏が亡ぶという大混乱のなか、ストレスのためか、その年のうちに鎌倉で亡くなってしまった。

いずれにせよ、幕府の権力を握っていた北条氏は、将軍が成人となり、分別がついて政治権力に関心を持ちはじめるようになると、謀反の罪などを着せて、無理やり京都に追い返し、かわって幼君を将軍につけるというやり方を繰り返したのである。それにしても、天皇家の血筋を継ぐものを将軍として添えなければ、幕府が存続できなかったという事実は面白い。貴族の世から武士の世に変わっても、天皇の血筋は政権運営上、非常に重視されたのである。

▼鎌倉時代の天皇——後嵯峨天皇の偏愛によって皇統が二分

承久《じょうきゅう》の乱によって、後鳥羽上皇だけでなく、その第一皇子の**土御門《つちみかど》上皇**、第三皇子の**順徳《じゅんとく》上皇**が処罰され、順徳の第一皇子でわずか四歳の**仲恭《ちゅうきょう》天皇**も廃されてしまった。

かわって皇位についたのは、守貞《もりさだ》親王の第三皇子である茂仁王《ゆたひとおう》、のちの**後堀河天皇**である。

後堀河天皇の父・守貞親王は、高倉天皇の第二皇子として生まれた。その兄は、清盛の娘・建礼門院（平徳子）が産んだ安徳天皇であった。そもそも高倉天皇の母も清盛の義理の妹・平滋子だったから、そういった意味では、平氏系統に皇統が戻ったといえようか。ただ、後堀河天皇の母は、権中納言藤原基家の娘・陳子《ちんし》であった。

ところでこの時代、朝廷では院政が一般的な政治形態となっていたが、承久の乱に連座して上皇（院）がすべて処罰され、政治をとる上皇がいなくなってしまった。このため幕府は、極めて異例ながら、皇位についたことのない守貞親王に、院政をおこなわせることにしたのだ。

守貞は、平氏とともに都落ちし、平氏滅亡後は出家して持明院宮行助入道親王《じみょういんのみやぎょうじょにゅうどうしんのう》と称していたが、後高倉院として、十歳の息子・後堀河天皇を奉じて朝廷で政治をとりはじめた。

その後、後堀河も貞永元年（一二三二）、第一皇子である秀仁《みつひと》親王に譲位して院政を開始したが、後堀河は生まれながら病弱であり、わずか二年後、二十三歳で早世してしまった。

秀仁親王は、たった二歳で即位して**四条天皇**となったが、四歳のときにいま述べたように、父・後堀河が他界してしまう。後堀河上皇には、他に弟や男児がいなかったため、四条天皇は、高倉皇統で唯一の男系となった。

このため、皇統の脆弱性を心配した貴族たちは、まだ配流先で生きていた後鳥羽上皇と順徳上皇が都に戻れるよう、鎌倉幕府に打診している。けれども執権の**北条泰時**は、それを決して認めようとしなかった。

だが、朝廷の期待の星であった四条天皇は、十二歳のときに事故がもとで死んでしまったのである。まだ子どもだったので、イタズラを思い立ったのが、不運を招いた。女房たちを驚かそうとして、御所の廊下に滑る石をばらまいたのだ。そして、それが本当に滑るかどうかを自分で試してみたところ、転倒して頭部を強打し、三日後に死んでしまったという。

かくして高倉の皇統が途絶えたことで、朝廷内では次の皇位をめぐって騒然となった。

当時、皇位継承者としてふさわしいと考えられたのは、**承久の乱**で処罰された**順徳天皇**の皇子・忠成王《ただなりおう》（岩倉宮《いわくらのみや》）と**土御門上皇**の第二皇子・邦仁王《くにひとおう》であった。朝廷の実力者で四条の外祖父・九条道家《みちいえ》や西園寺《さいおんじ》（藤原）公経《きんつね》は、忠成王を擁立しようと本格的に動きはじめた。そして忠成の践祚《せんそ》（皇位につくこと）の準備をはじめ、同時に幕府に許可を求めるため鎌倉へ使者を派遣した。ところが北条泰時は、幕府の決定として、邦仁王に皇位を継がせるように命じてきたのである。貴族たちは大いに不満であったが、当時の朝廷には幕府の決めたことに逆らう力はなかった。

泰時が邦仁王に皇位を継承させたのは、その父である土御門上皇が承久の乱にほとんど関与していなかったからだと思われる。積極的に与した順徳の子・忠成王を天皇にするなど幕府としては論外だったのだろう。しかもこのとき、順徳上皇はまだ配流先の佐渡で生きており、万が一、帰洛が許され、朝廷の実権を握るようなことがあっては由々しきことだった。いずれにせよ、幕府が天皇を決める時代が到来したのである。

こうして邦仁王は、即位して**後嵯峨天皇**となったが、貴族たちが選んだ天皇ではないので、朝廷内では孤立しがちであったらしい。

当初、朝廷は九条道家が牛耳っていたが、彼の息子で幕府の四代将軍・頼経が謀叛の罪で鎌倉を放逐されると、道家も連座して蟄居させられてしまう。

後嵯峨天皇は、中宮の藤原姞子《ふじわらのきつし》が皇子を産むと、その子・久仁《ひさひと》親王を四歳で即位させ（**後深草天皇**）、形式的ながらも上皇となって院政を開始した。ただ、このときはまだ先の九条道家が健在で、朝廷の実権は道家が握っていたが、彼の失脚後、本格的な院政を展開するようになった。

正元元年（一二五九）、後嵯峨上皇は、息子の後深草《ごふかくさ》を譲位させてその弟・恒仁《つねひと》を**亀山天皇**とし、後深草に皇子熙仁《ひろひと》がいたにもかかわらず、亀山天皇の皇子・世仁《よひと》を皇太子にすえたのである。後深草も亀山も同じ藤原姞子から生まれたのだが、どういうわけか後嵯峨は、亀山を偏愛したのだった。

この後嵯峨上皇の措置が、のちに皇統を分裂させることになった。

文永九年（一二七二）、三十年近く院政をとってきた後嵯峨法皇が没した。死に際して彼は、「治天の君」を誰にするかを決定せず、鎌倉幕府にゆだねて亡くなってしまった。

周知のように「治天の君」とは、天皇家の惣領（家督・リーダー）のことを指し、実質的な朝廷の権力者といえる。

もし後嵯峨が自分の気持ちに正直になって亀山を「治天の君」に指名しておけば、同系統が代々天皇家の惣領となっていったろう。が、彼がそれをしなかったのは、幕府に遠慮したからだといわれる。

前述のとおり、後嵯峨上皇は、幕府（北条泰時）の強い意志によって、貴族の反対を押しのけて皇位についたという経緯があった。そうした遠慮もあり、朝廷で自分の意思を表明することをあえて控えたのである。

後嵯峨の死後、幕府は中宮の藤原姞子に対し、生前の後嵯峨は誰を「治天の君」にするつもりだったかを問うている。これに対して姞子は、亀山を寵愛していた事実を告げた。これにより文永十一年、亀山天皇は皇位を息子の世仁（**後宇多天皇**）へ譲って院政をはじめることができたのである。

いっぽう、この状況に失望した後深草は、世をはかなんで上皇の地位を捨て、出家してしまおうとした。この噂を聞いた執権**北条時宗**は、後宇多天皇の皇太子に熙仁《ひろひと》（後深草の子）をすえるよう命じたのである。

かくして後深草系統も「治天の君」を相続できることになり、以後半世紀近くにわたり、両統は天皇家の惣領権や皇室領をめぐり、水面下で激しい勢力争いを展開するようになる。ちなみに後深草系統を**持明院統**、亀山系統を**大覚寺統**と呼ぶ。

後宇多天皇の後は、弘安十年（一二八七）に後深草の第一皇子・熙仁親王が即位して**伏見天皇**となった。二十三歳であった。持明院統の名称の由来は、この伏見天皇が持明院殿に住していたことに由来する。

翌年には、伏見天皇の皇子である胤仁《たねひと》親王が皇太子となり、持明院統が優勢になった。

このため大覚寺統の不満がつのるようになるが、そんな正応三年（一二九〇）三月、にわかに浅原為頼《あさはらためより》らが御所内に乱入して伏見天皇を殺害しようとしたのである。このとき、天皇の居場所を聞かれた女官がとっさの機転を利かせて違う場所を教えた。そしてそちらに浅原たちが向かった隙に、彼女はすぐに伏見天皇に危機を知らせたのだ。

　そこで伏見は、女装して巧みに難をのがれ、結局、為頼らは目的を遂げられずに自害したのだった。

　どうやらこの騒動は大覚寺統が関与していたようで、浅原が自害した刀の所有者が大覚寺統の公家・**三条実盛**《さねもり》のものと判明、六波羅探題に拘引されて取り調べを受けた。また、大覚寺統の亀山上皇も事情を聞かれたが、きっぱりと関与を否定したため、幕府もそれ以上の追及をあきらめ、三条を釈放したのである。

　伏見天皇は、永仁六年（一二九八）に第一皇子の胤仁《たねひと》親王（**後伏見天皇**）に譲位して上皇となった。この間、大覚寺統が巻き返しをはかり、同派の公卿・吉田《よしだ》定房《さだふさ》が「後嵯峨上皇の遺志とは違ってしまっている」と直訴、幕府はこの訴えを取り上げた。こうして大覚寺統の後宇多上皇の第一皇子・邦治《くにはる》親王が、同年に皇太子となり、正安三年（一三〇一）、即位して**後二条天皇**となったのである。なお、皇太子には、持明院統の富仁《とみひと》親王（伏見天皇の第三皇子）が擁立された。

　延慶元年（一三〇八）、後二条が二十四歳で死去したため、富仁が即位して**花園天皇**となった。花園はまだ十二歳であったが、皇太子には大覚寺統から天皇より九歳年長の後宇多上皇の第二皇子・尊治《たかはる》親王が就任したのである。

花園天皇はたいへん歌道にすぐれ、学問にも秀でていた。ただこの時期、延暦寺や興福寺など大寺社の強訴が頻発していた。朝廷の政治は、父の伏見上皇、続く兄の後伏見上皇が院政を展開していたが、天皇は自分の不徳を痛感していた。とくに正和二年（一三一三）に長雨が続くと、なんと花園天皇は、「自分が人々にかわって命を捨てるから雨を止ませてほしい」と祈願している。そういった意味では、名君だといえるかもしれない。

3 南北朝の動乱

▼後醍醐天皇の倒幕と建武の新政

尊治《たかはる》親王は後宇多天皇と五辻忠継《いつつじのただつぐ》の娘・典侍忠子《ないしのすけただこ》の子として正応元年（一二八八）に生まれた。やがて皇太子となり、文保二年（一三一八）に即位した。これが**後醍醐天皇**である。後醍醐は、大覚寺統の皇族である。これまで述べてきたように天皇家は、大覚寺統と持明院統に分裂し、皇位をめぐって長い間対立していた。

後醍醐の即位により、朝廷の実権を握ったのはその父・後宇多上皇であった。後宇多は、後醍醐天皇を中継ぎと考えていた。亡き長子の後二条天皇には邦良《くになが》親王という子があったが、後宇多はこの嫡孫に皇位を譲ろうと、後醍醐の立太子に先だってそれを約束させていたのだ。

だが、後醍醐は当時として異例ともいえる三十一歳での皇位継承。すでに壮年で、しっかりとした分別もあった。そのため、それから三年も過ぎると、ついに後宇多上皇の院政を停止し、記録所を再興して天皇親政をはじめたのである。

この行為に関して通説では、自分の中継ぎ的立場をなかったこととするため、父と対立した後醍醐が後宇多を失脚に追い込んだのだといわれてきた。

だが、近年では、これは後宇多上皇の戦略であったという説が登場してきている。

後宇多は、持明院統の量仁《かずひと》親王の立太子を防ぐためには、「後醍醐を『治天下』(治世)にすれば、幕府もしばらくは後醍醐の譲位を言い出しにくくなるであろう。後宇多は後醍醐の在位をできる限り長引かせて、天皇・皇太子独占体制を維持し続けようとした。後醍醐が譲位するのは、大覚寺統に次の立太子候補者が用意され、それが光厳《こうごん》を退けて皇太子に決まる時でなければならない」(河内祥輔・新田一郎著『天皇の歴史04　天皇と中世の武家』講談社)と考えたのだという。

だがそれから三年後の正中元年(一三二四)、後宇多は死去し、名実ともに後醍醐が王権を握った。すると後醍醐は京都の米価を設定し、公設市をつくって商人に定価販売を命じたり、関所の新設を禁じたりと、京都での天皇支配を強化した。これは、宋学の大義名分論の影響だといわれる。

君臣《くんしん》の名分《めいぶん》を正して、絶対的王権を確立しようとする思想である。

我が国に引き付けてみれば、「日本の王権は天皇にあり、天皇が直接国家の政治をとることが本来の有るべき姿なのだ」という考え方となる。当然のことながら、この思想は、突き詰めていけば、鎌倉幕府からの政権奪回へと発展していく。これに加え、皇位継承について幕府の干渉を絶つには倒すにしかずと考えたのだとされる。とはいえ、ふつうなら百五十年続いた幕府を、そう簡単に倒そうとは思わないだろう。が、それを実行しようとしたところに、後醍醐の剛毅さがあったといえる。

当時、幕府では**得宗**《とくそう》（北条氏の嫡流）の北条高時《たかとき》が闘犬や田楽にうつつを抜かし、政治は内管領の長崎高資《ながさきたかすけ》に一任していた。だが、高資の為政は、北条一族や御内人《みうちびと》（得宗家代々の家来）の専横を許すもので、多くの御家人は怒りを募らせていった。また、元寇での土地恩賞は、外敵の侵攻ゆえ十分に与えられず、なおかつ、貨幣経済の発達に対応できず田畑を手放す御家人が急増、そうしたことが、幕府への不満を増大させていた。

倒幕計画の中心になったのは、日野資朝《ひのすけとも》、日野俊基《ひのとしもと》ら公家であった。彼らは、打ち合わせのさい、美女をはべらして酒宴をひらき、幕府の目を誤魔化したという。倒幕派公家は、土岐頼員《ときより》員《かず》、多治見国長《たじみくになが》ら武士を味方に引き込み、北野祭の警備で六波羅探題（幕府の京都における出先機関）の兵が手薄になったときを狙い、挙兵することを申し合わせた。ところが、土岐頼員が妻にうっかり計画を漏らしたことから、これが幕府に探知されてしまった。

六波羅探題は、ただちに頼員と国長の屋敷を包囲した。頼員はやむなく自殺して果てたが、国長はわずか数十人で千以上の討手を引き付け、三百近くを死傷させて全滅した。乱後、日野資朝は佐渡へ流されたものの、他の関係者はさしたる処罰をうけず、後醍醐天皇も追及されなかった。

そんなことからこの**正中《しょうちゅう》の変**は、後醍醐が倒幕に関与した事実はなく、反後醍醐派の謀略である疑いが濃厚だったとする説もある。

北海道大学名誉教授・河内祥輔氏は、その著書『天皇の歴史04　天皇と中世の武家』(前掲書)において「これは後醍醐を退位に追い込もうとする謀略であった可能性が高く、事実は邦《くに》良《なが》派か持明院統派によって仕組まれたものではないかという疑いも生じる。もし幕府がそこまで追及すれば、朝廷全体が混乱に陥りかねない。その危険を回避するためであろう、結局、幕府は後醍醐側近の日野資朝に罪を着せ」たのだと主張している。

真相はわからないが、後醍醐の後継者と目されていた邦良親王が正中の変から二年後に死去した。このため幕府は、持明院統の量仁《かずひと》親王を嘉暦《かりやく》元年(一三二六)に皇太子とした。

その次の皇太子だが、後醍醐と中宮・西園寺《さいおんじ》禧子《きし》との間になかなか子が生まれなかったため、幕府は故・邦良親王の子・康仁《やすひと》を候補者とし、後醍醐天皇に量仁親王への譲位を迫るようになった。

だが、後醍醐は何としても次の皇太子は我が子にしたい。ゆえにこのときから本気で倒幕を考えるようになったという説がある。

けれどこの倒幕計画は露見し、元弘元年（一三三一）、後醍醐は京都から笠置山《かさぎやま》へ遁《のが》れて挙兵する（元弘《げんこう》の乱）。が、あっけなく逮捕され、隠岐《おき》へと流されてしまったのである。

しかし、後醍醐が隠岐にいる間、次々と天皇方の武士が兵を挙げ、最終的に足利高氏（のちに後醍醐天皇の諱《いみな》から尊をもらい、尊氏となる）が京都の六波羅探題を、新田義貞が鎌倉を陥落させたことで、鎌倉幕府は滅亡する。元弘三年（一三三三）五月のことであった。

幕府が消滅すると、後醍醐は京都に戻り、新政権を打ち立てた。そして、自らが強烈なリーダーシップをとって親政をはじめたのである。これを**建武《けんむ》の新政《しんせい》**と呼ぶが、きっと自信家の後醍醐のことだ、幕府が倒れたのは自分の徳によるものだと信じていたに違いない。

だが、幕府の崩壊は、時勢の結果だった。要因はいくつかあるが、最大の要因は御家人の貧窮である。前述のとおり、二度にわたる蒙古襲来において、多くの御家人が奮闘して犠牲となったが、敵襲による防衛戦だったため、十分な土地を恩賞として与えられなかった。また、分割相続による所領の細分化と貨幣経済への不適応が、御家人の貧窮に一掃の拍車をかけた。こうした状態にあるなか、一人北条氏だけがこの世を謳歌していた。北条氏は、有力御家人を次々と倒し、得宗《とくそう》による専制を完成させ、全国の守護の過半を自分たちで独占する一党独裁体制を構築していた。

「俺たちが生活に困窮しているのに、北条一族は権力と富を独占している」、そうした御家人層の強い不満が、幕府に対する忠誠心を薄れさせ、政権の求心力を低下させていたのだ。つまり、すでに御家人の心は、幕府から離反していたのであり、後醍醐天皇の倒幕宣言は、それを促進させたに過ぎなかったのである。

「朕《ちん》が新儀は、未来の先例たるべし」(『梅松論』)

これは後醍醐天皇の言葉である。

「俺がはじめたことは、すべて未来の先例・模範となるだろう」という、政治一新への意気込みと自信が感じられる。

後醍醐が理想としたのは、十世紀の醍醐天皇の善政「延喜《えんぎ》の治《ち》」である。天皇の諡号《しごう》は、その死後に与えられるが、後醍醐は、醍醐を思慕するあまり、生前から自らを後醍醐と称していたといわれる。史実の延喜の治は、さしたる善政でもなく、藤原氏が実権を握っていたが、伝説では醍醐天皇が親政をしたように伝えられていた。

後醍醐は、幕府政治だけでなく、その前の摂関政治も否定し、かつての天皇親政を目指した。だが、単なる復古ではなく、あくまで己の独裁を志向したのだった。

後醍醐天皇が隠岐に流された後、鎌倉幕府は持明院統から量仁《かずひと》親王を**光厳天皇**として即位させたが、正慶《しょうきょう》二年（一三三三）六月、京都に戻った後醍醐は、光厳を廃し、なんと光厳が定めた元号「正慶」を自分の頃の「元弘」に戻し、元弘の乱以後の叙任は全部無効としたうえ、摂政・関白を廃止し、さらには自分に敵対した関白鷹司《たかつかさ》冬教《ふゆのり》や太政大臣今出川《いまでがわ》兼季《かねすえ》らの官職を剥奪したのである。そして、太政官制度に大規模な改変を加えて、天皇独裁体制を強化した。翌年、後醍醐は元号を建武と改めたので、新政権を一般的に建武政府と呼ぶ。ちなみに建武という元号は、光武帝が漢朝を復興させたさいに採用した元号である。

後醍醐がすごいと思うのは、「土地の所有権は私が改めて許可し、綸旨《りんじ》（天皇の文書）を与える」とする個別安堵法を発令したことだ。

つまり、天皇の承認がなければ、何人の土地も保障されないことになったのである。本領安堵や新恩給与（恩賞としても新地給付）に関しては、**雑訴《ざっそ》決断所《けつだんじょ》**と**恩賞方**という役所が担当したが、最終的に綸旨の発布が必要とされたことで、天皇の権限は一気に強化した。いや、強化するはずだった。

ところが、当たり前の話だが、各国から武士が土地の安堵を求めて京都に殺到、とてものこと後醍醐一人で聖断するのは不可能となった。そこで、安堵を各国の国司にゆだねる「諸国平均安堵法」に切り替えた。この安堵問題が、後醍醐天皇の建武政府の本質を鮮明に物語っている。つまり、朝令暮改なのだ。

後醍醐は思いつきで次々と新令を出すものの、すぐにうまく機能しなくなり、改令するといった愚行を繰り返した。くわえて、大々的に出した法令が、尻つぼみで自然消滅することも多々あった。

たとえば、大内裏の造営宣言である。この費用にあてるため、地頭に収入の二十分の一を納めさせるとした。また、貨幣経済の発達に対応するため、改銭の詔《みことのり》を発し、銭の「乾坤通宝《けんこんつうほう》」を鋳造し、紙幣を印刷すると発表した。だが、いずれもうまくいかず、うやむやになって終わってしまう。

こうした一貫性のなさで、社会は大きく混乱したのである。

▼建武政府の崩壊と悲劇の皇子たち

「此比《このごろ》都にはやる物。夜討、強盗、謀綸旨《にせりんじ》、召人《めしうど》(罪人)、早馬、虚騒動《そらそうどう》、生頸《なまくび》、還俗《げんぞく》、自由出家、俄大名《にわかだいみょう》、迷者、安堵、恩賞、虚軍《そらいくさ》」――これは、建武元年(一三三四)に二条河原に掲げられた落書きの一説である。都の流行を語りながら、その内容は痛烈な建武政府への批判となっている。とにかく、この政権は、あらゆる階層に評判が悪かった。

公家は、これまでの伝統を後醍醐が「未来の先例だ」といって平然とぶち破ることに不満を抱いていた。じっさい後醍醐は、公家に政権担当能力がないことがわかると、太政官制をさしおいて、職制を鎌倉幕府のそれに近づけ、旧御家人を大量に登用している。

一方武士たちも、土地安堵の混乱に怒りを持っていたが、さらに激怒させたのが、恩賞の不公平だった。公家に厚く武士に薄かったのだ。この一事が、最終的に建武政府を短命に終わらせることになった。鎌倉幕府を倒したのは武士である。にもかかわらず、後醍醐が公家を優遇したことで、武士の多くが武家政権の再興を望むようになる。

ただ、後醍醐に強力な軍事力があったなら、もしかしたら建武政府はもう少し寿命を延ばしていたかもしれない。が、どういうわけか後醍醐は、直属軍の創設に無関心だった。

建武二年（一三三五）、得宗**北条高時**の子である**時行**《ときゆき》が、信濃国で挙兵した。反乱は関東に拡大し、鎌倉を守護していた尊氏の弟・直義《ただよし》も駆逐された。

そこで尊氏は、弟を救うために東国へ下り、時行軍を蹴散らして鎌倉を取り戻した。

ところがその尊氏が、かの地で後醍醐天皇に反旗を翻したのである。尊氏は源氏出身で、武士の多くが尊氏による武士政権の誕生を望んでいた。尊氏は、弟の直義の勧めもあって、これに応える決意をしたのだ。

いったん朝廷軍に敗れ九州へ遁れた足利軍だったが、建武三年（一三三六）、京都へなだれ込み、比叡山に避難した後醍醐天皇は、仕方なく尊氏に降伏した。こうして建武の新政は、わずか二年で終焉を迎えたのである。

後醍醐天皇は英明な人物であったが、時勢の赴くところを顧みず、自分の理想を強引に実現させようとしたところに、政治の失敗があったのだと思う。歴史の流れは、個人の力で逆流させることはできないのである。

ところでこの時期、皇太子が毒殺されるという事件が起こっている。犠牲になったのは、恒《つね》良《よし》親王と成良《なりよし》親王である。ともに後醍醐天皇の皇子だ。恒良は、後醍醐の寵姫である**阿野廉子**《あのれんし》の子として誕生し、後醍醐が鎌倉幕府を滅ぼして建武政府を創設すると、十三歳で皇太子に就いている。

しかし、尊氏が反旗を翻して京都に乱入すると、後醍醐は降伏する直前、**新田義貞**に恒良親王を与え、北陸へ向かわせたのである。かくして恒良は、越前の金ヶ崎城に入った。

いっぽう、京都に戻った後醍醐は、持明院統の**光明天皇**《こうみょう》に神器を渡して上皇となった。このおり尊氏は、成良親王を光明天皇の皇太子とした。成良は、恒良の同母弟である。この措置は、後醍醐との融和をはかろうとする尊氏の配慮であった。

ところが後醍醐は、それからまもなくして突如京都を出奔、**吉野**に拠って南朝を打ち立てたのである。怒った尊氏は、ただちに成良を廃太子とした。さらに南朝勢力の討伐に全力を注ぎ、恒良の拠る金ヶ崎城を延元二年（一三三七）を攻略、捕虜となって都へ護送された恒良を、尊氏は毒殺したのだった。このおり弟の成良も、いっしょに殺されたと伝えられる。まだ二人とも十代の少年であり、何とも哀れな末路だった。

▼北朝の初代天皇

南朝の初代・後醍醐天皇は非常に有名だが、北朝の初代・**光厳天皇**《こうごん》を知る人はほとんどいないだろう。そこでここでは、この人の数奇な運命を紹介する。話をもう一度前へ戻そう。

元弘元年（一三三一）八月、後醍醐天皇は倒幕計画が幕府方に漏れると、密かに宮中から脱出して、笠置山で兵をあげた。このため幕府は後醍醐の皇位を剥奪し、皇太子であった持明院統の量仁《かずひと》親王（後伏見天皇の第一皇子）を即位させることにした。

ただ、即位については、深刻な問題があった。天皇の象徴である三種の神器（剣、鏡、玉）は、**笠置山**にこもる後醍醐天皇が所持していたのだ。このため鎌倉幕府は、笠置山で抵抗する後醍醐天皇に神器の引き渡しを要求したが、後醍醐は「即位の儀式（践祚《せんそ》）は、現天皇が次期天皇に直接剣璽《けんじ》（神器のうち剣と鏡）を手渡すものゆえ、幕府に渡すことはできない」と引き渡しを拒否した。

そこで仕方なく、幕府は神器なくして儀式を執行することにした。じつは過去にたった一時だけ、同様の事例があった。それが寿永《じゅえい》の乱のときの例だ。

安徳天皇（平清盛の孫）が平氏とともに都落ちしたさい、三種の神器も持っていってしまった。そこで朝廷は、後白河法皇の院宣（上皇の命令文書）をもって、神器なしで**後鳥羽天皇**が即位したのだ。

これを前例として、鎌倉幕府は量仁親王を皇位につけたのである。こうして北朝の初代・光厳天皇が誕生した。

ただまもなく、後醍醐天皇は戦いに敗れて捕縛された。このおり、神器は回収され、光厳の手に渡った。

だが、元弘三年（一三三三）に入ると、各地で後醍醐天皇に味方する武士の挙兵が相次ぎ、とうとう叛旗を翻した幕府の重臣・足利高氏が**六波羅探題**（幕府の京都における出先機関）を、新田義貞が鎌倉幕府を滅ぼした。

このおり京都にいた光厳天皇は、**後伏見上皇**、**花園上皇**らとともに東国へ逃れようとしたが、近江国で捕縛されてしまう。神器は回収されてしまい、後醍醐天皇は光厳天皇の位を廃した。

ところがわずか二年後、今度は足利尊氏が叛旗を翻して後醍醐の建武政府を打倒すべく九州から京都へ攻め上ってきた。このとき、朝敵にされたくない尊氏は、光厳上皇に頼み込んで院宣（上皇の命令）を賜わり、自分の正統性を確保したのである。

尊氏は、建武政府を倒した後、光厳上皇に対してその弟・豊仁《とよひと》親王の即位を依願した。これに応じて光厳は豊仁親王を践祚させ、自らは新帝・光明天皇（北朝第二代）のもとで院政を開始する。さらに皇位は光厳の皇子である崇光《すこう》天皇が継承、光厳上皇の院政は十五年におよんだ。といっても、全国政治の実権は足利尊氏が樹立した京都の室町幕府が握っていた。

なお、いったん尊氏に降伏した後醍醐天皇は、まもなく密かに京都から脱出して吉野で新政権を樹立した。その皇統は南朝と呼ばれ、光厳の系統である北朝と並立するという状況になった。世にいう南北朝時代のはじまりである。

けれど北朝は、南朝とは異なり、室町幕府の庇護によって存続しているというのが実態であった。ところが、その庇護がある日にわかに失われてしまう。

室町幕府の足利尊氏と弟・**直義**が対立し、内乱状態になったのだ。これを**観応《かんのう》の擾乱《じょうらん》**と呼ぶが、なんと尊氏は、この内戦を有利に進めるため、あろうことか南朝方に服属してしまったのである。

かくして正平六年（一三五一）、南朝の**後村上天皇**（後醍醐の子）は、北朝の第三代**崇光天皇**を廃したのである。これにより北朝は消滅し、南朝が唯一の朝廷となったのである。これを「**正《しょう》平一統《へいいっとう》**」という。

翌年、内乱で室町幕府の力が弱まったと見た南朝は、京都に侵攻して**足利義詮《よしあきら》**（尊氏の子）を駆逐して同地を占拠した。

しかし、それからわずか一月後、今度は足利軍が大挙して京都に襲来、南朝方を追い払った。このとき南朝方は、光厳上皇をはじめとして北朝の上皇・天皇らを拉致して京都から連れ去り、光厳を大和の賀名生《あのう》に幽閉してしまったのである。

室町幕府は、天皇が足利氏の当主を将軍に任じ、政権を委託するという形式をとって成立している。だから政権を運営するうえでどうしても天皇は必要だった。そこでなんと幕府は、光厳上皇の生母である広義門院《こうぎもんいん》の命令というかたちをとって、光厳上皇の子・三宮を勝手に即位させ、**後《ご》光厳《こうごん》天皇**（北朝第四代）としたのである。これが北朝の第四代天皇である。

なお、このような身勝手なやり方と政治に翻弄される自分をかえりみて、光厳は次第に厭世観を強くするようになり、拉致されてまもなく出家してしまった。

いままで権力者たちに利用され続けてきたが、これからは一僧侶となって、その生をまっとうしようと考えたのだろう。法名を勝光《しょうこう》智《ち》と号した。

その後、光厳は河内国金剛寺に移されたが、そこで孤峯覚明《こうほうかくみょう》に師事して光智と改めた。延

文二年（一三五七）、光厳は京都に戻ることができたが、深草の金剛院に入って世俗との付き合いを絶ち、春屋妙葩《しゅんおくみょうは》に師事して禅に励んだ。やがてわずかの供を連れ、奈良、高野山と巡歴の旅に出、途中、吉野に立ち寄って南朝の後村上天皇と対面したという。

かつての仇敵であったが、このとき光厳は戦争の悲惨さを語ったといわれる。

別れ際、後村上天皇は光厳に馬を寄贈しようとしたが、これを固辞して吉野を後にした。

その後、光厳は来訪者の絶えない京都の居所を引き払い、閑静な丹波国山国の常照寺に居を移し、禅僧として修行に明け暮れる日々をおくり、貞治三年（一三六四）に五十二歳で死去した。看取ったのは弟子一人だったといわれるが、ようやく晩年になって安住の地を見つけることができたようだ。

なお、北朝はその後、第五代**後円融天皇**《ごえんゆう》、第六代**後小松天皇**《ごこまつ》と続き、この後小松天皇のとき、南北朝は合一したのだった。

▼日本国王と称した南朝の懐良《かねよし》親王

後醍醐天皇は、京都に襲来した足利尊氏にくだる直前、多くの皇子を己の分身として各地へ派遣し、再起を期している。

残念ながらその多くは非業のうちに倒れたが、九州に遣わされた**懐良《かねよし》親王**は、それから二十年以上のち、見事にその目的を果たしたのである。

後醍醐天皇が尊氏に降伏したとき、わずか八歳だった懐良親王は、**征西将軍宮**《せいせいしょうぐんのみや》としてわずか十二名の臣下に連れられ九州へ向かった。だが、尊氏（幕府）方の勢力が強く、その目を盗んで西下し、どうにか九州入りできたのはそれから三年後のことだった。

懐良はまず日向国《ひゅうがのくに》へ入った。さらに薩摩国の谷山城を経て、ようやく菊池氏の庇護を受けることに成功した。出発以来、なんと十三年の月日が流れていた。

ちょうど室町幕府は、内乱（観応の擾乱）の最中だったため、先述のように、南朝は自ら勢力を増大させ、懐良のもとに参集する武士も急増していった。

時の勢いを得た懐良は、臣下の菊池武光《きくちたけみつ》に命じて、**九州探題**（幕府の九州統治機関）の一色範氏《いっしきのりうじ》を針摺原《はりするばる》に攻めて追放し、さらに幕府方の大友氏時《おおともうじとき》や畠山直顕《はたけやまただあき》を破って、北九州一帯を征圧した。

そして正平十四年（一三五九）七月、最大の敵対勢力だった少弐頼尚《しょうによりなお》と筑後川をはさんで決戦をおこなった。

激戦の末、最終的な軍配は、懐良方にあがり、ここに、九州全土は南朝の支配下となったのである。

しかしこの頃、中央における南朝勢力は急速に衰退してしまい、九州は唯一、南朝方の強固

知られざる“日本国王”
懐良親王伝
はじめは臣下がたった12人だった
懐良《かねよし》少年（8歳）
キューバ革命みたいだね
ね
我こそは“日本国王”である!!
オオーッ
さらに独立国として明と国交を樹立!!
幾多の苦難を乗り越え ついに九州を征圧!
打倒・足利政権!!
北朝
南朝
しかし最期は人知れず没し
わ
つんつん
墓の所在すら謎のまま・・・
日本国王之墓

な拠点となった。

九州を平定した懐良親王は、明国と独自に国交を開いた。

明の太祖は、九州を拠点に中国沿岸を荒らし回る**倭寇**（日本人海賊）に手こずり、懐良親王に倭寇を取り締まってくれるよう国書を送ってきた。

当初、この要求を拒んでいた懐良だったが、やがて明に臣従するかたちで国交を樹立し、「**日本国王良懐**」と称した。

おそらく懐良親王は、大国である明の保護のもとに、日本から九州を切り離し、独立国として存続させようとはかったのだろう。

いずれにせよ、この時期、日本本土には二つの国家が分立していたわけだ。

こうした九州独立の動きに焦りを覚えた室町幕府は、応安三年（一三七〇）に足利一門で名将と謳われた**今川了俊**《いまがわりょうしゅん》を九州探題に任じ、九州へ遣わした。

了俊は、九州の国人（有力武士）たちを巧みに味方につけ、翌年、南朝の拠点である大宰府を陥落させた。

このため懐良親王は、筑後国高良山《こうらさん》に本拠地を移すが、ここも了俊の攻撃によって落城し、南朝方はだんだんと今川氏に圧迫され、とうとう勢力を失ってしまう。

永徳三年（一三八三）、懐良親王は密かに没したと伝えられるが、現在、その墓所さえも特定できていない。

ちなみに、こんなすごい活躍をした懐良親王なのに、日本史の教科書には十一冊中五冊にしか掲載されておらず、しかも単に南朝勢力として幕府に抵抗したとしか書かれていない。日本国王として明国に認められ、九州を独立国家にしていたと明記されていないのである。

短期間ではあったが、やはりこうした史実も明らかにしたほうがよいと思う。

4　室町時代の天皇

▼南北朝の合一に反対した長慶天皇

大正十五年（一九二六）十月二十一日、皇統に新たに天皇が一人加えられた。第九十八代**長**《ちょう》**慶**《けい》**天皇**である。正平二十三年（一三六八）から弘和三年（一三八三）までの十六年間、在位した南朝方の天皇だ。

長慶天皇の即位については江戸時代から賛否両論あり、それまでの歴代天皇の中に含まれていなかったが、近代に入って、歴史学者の八代国治氏（一八七三～一九二四年）と国文学者の武田祐吉氏（一八八六～一九五八年）の精力的な研究と新史料の発見により、その在位が確かめられたのである。

寛成《ゆたなり》親王は、後村上天皇の第一皇子として生まれたが、父の死後に即位して長慶天皇となった。『新葉和歌集』に歌を残し、『源氏物語』の注釈書として名高い『仙源抄《せんげんしょう》』を著すなど、文学にすぐれているとともに、南朝でも強硬派の中心として室町幕府と北朝方の降伏以外、南北朝の合一はあり得ないという態度をとってきた。このため長慶が即位すると、和議工作を進めてきた和平派の**楠木正儀《くすのきまさのり》**は孤立し、即位の翌年、正平二十四年（一三六九）正月、幕府方に寝返ってしまっている。

先に述べたように、強硬派を主流に押し上げた背景には、懐良《かねよし》親王（長慶天皇の叔父）の九州平定があった。けれども文中元年（一三七二）、室町幕府の三代将軍・足利義満に派遣された今川了俊が九州南朝軍の拠点・大宰府を陥落させると、幕府方となった楠木正儀は、これに乗じて翌文中二年、長慶天皇の行宮・天野山金剛寺（現・大阪府河内長野市）を攻撃、強硬派の中心的人物・四条隆俊《しじょうたかとし》を討ち取った。このため長慶天皇は、大和の吉野を経て栄山寺《えいさんじ》（現・奈良県五條市）に逃れた。

こうした状況のなか、南朝内では和平派が台頭する。弘和二年（一三八二）正月には楠木正儀の帰参を許し、参議の役職を与えた。さらに翌年、矢部（福岡県矢部）に隠棲していた懐良親王が没すると、長慶天皇は弟の**後亀山天皇**への譲位を余儀なくされた。

「敬白　発願事　今度雌雄如思者　殊可致報賽之誠一之状如件　元中二季九月十日　太上天

皇寛成　敬白」

これは、元中二年（一三八五）に長慶天皇が高野山丹生明神《にうみょうじん》に納めた願文だ。雌雄を決しようとした相手は、室町幕府ではなく、後亀山天皇を中心とした和平派だという説もある。いずれにせよ長慶方は非主流派に転落してしまった。

元中九年（一三九二）、後亀山天皇は京都へ遷り後小松天皇に神器を譲って南北朝は合一した。このとき、なんと長慶上皇は、後亀山天皇とともに都へ戻らなかったのだ。その後も各地の南朝遺臣に働きかけ、南朝再興運動を指揮したという。けれども応永元年（一三九四）八月、再興の夢半ばで崩御したと伝えられる。

昭和十九年（一九四四）二月十一日、嵯峨東陵（京都市右京区嵯峨天竜寺角倉町）が長慶陵と治《じ》定《じょう》された。全国には数カ所、長慶天皇の御陵参考地が存在する。嵯峨東陵と治定されたのは、あくまで形式上のものに過ぎない。いまだに長慶が何処に葬られたかは謎なのだ。

遠く、青森県中津軽郡相馬村の紙漉沢《かみすきさわ》も長慶天皇の御陵参考地になっている。吉野の地から流れ着いた長慶は、ここで生を終えたという説があり、同村の龍田神社《たつたじんじゃ》（上皇堂）の祭神は、口伝では長慶天皇になっているからだ。青森県には他にも長慶伝説を伝える場所が複数あり、櫛引八幡宮《くしひきはちまんぐう》には長慶のものとされる甲冑がある。菊の文様をあしらった赤糸縅《あかいとおどし》の甲冑で、大部分が黄金細工でできている。

また、秋田県北秋田郡田代町には長慶金山と呼ばれる場所がある。その昔、長慶天皇が退位後、ここに来て密かに金山を開発したという。近辺には、長慶森、長慶沢、上皇堂跡といった小字が残る。さらに長慶伝説は、山梨県富士吉田市にも存在する。背戸山《せとやま》山麓（市の西北部の丘陵）の神社の境内にある石塔は、長慶天皇の御陵といわれている。石塔は二基あり、そのうち一基には確かに御陵と刻まれている。

「わが宿と頼まずながら吉野山　色になれぬる春もいく年」

これは長慶天皇の歌である。本来、自分は正統な天皇であり、都で華やかに暮らしているはずなのに、京都に還ることもできず、いつの間にか吉野に慣れきってしまっている自分のことを自笑した歌だ。いずれにせよ、長慶天皇は一度も都の土を踏むことなく、戦いの中で生を閉じたのである。

▼後南朝の存在

後亀山天皇が南北朝の合一に同意したのは、将軍義満が南朝方の条件を飲んだためだ。それは、南朝と北朝の皇統が交互に皇位につくというものであった。だから北朝の後小松天皇の次は、後亀山の皇子である恒敦《つねあつ》（実仁《さねひと》）親王が天皇になるはずだった。

ところが、いつまでたっても、恒敦は皇太子に任命されない。そして、その地位が空いたまま、それから十数年後、約束した将軍義満が死んでしまう。

応永十七年（一四一一）、後亀山上皇は、四代将軍**義持**《よしもち》に約束の履行を求めたようだが、話し合いは決裂したらしい。すると後亀山は、にわかに京都を脱して吉野へ遷幸したのである。そう、南朝を復活させようとしたのだ。

こうして、いわば新南北朝時代が始まったのである。

それから二年後、室町幕府は、後小松の皇子躬仁《みひと》親王（のちの**称光天皇**《しょうこう》）を即位させてしまった。

約束を完全に反故にされた後亀山上皇は、幕府への敵対を表明する。すると伊勢の北畠満雅《きたばたけみつまさ》や奥州の伊達持宗《だてもちむね》など、かつての南朝遺臣たちが呼応し、各地で紛争がはじまったのである。

驚いた将軍義持は、仕方なく吉野の地を尋ね、後亀山法皇と話し合いの場を持った。

これにより、後亀山は京都に戻った。おそらく、交代で皇位につく約束をしたのだろう。

ただ、残念ながら後亀山法皇は、自分の子が天皇になるのを目にすることなく、応永三十一年（一四二四）に死没した。

北朝方の称光天皇が崩御するのは、それから四年後のことだった。当然、次の皇位は、南朝方の皇統にまわってくるはずだった。

が、後亀山と話し合いを持った将軍義持は、奇しくもこの年に死んでしまう。

すると、新将軍義教はこれを黙殺して、またも北朝の後花園を天皇にすえたのである。

そこで当時、小倉宮《おぐらのみや》を称していた恒敦親王は、約束違反に憤慨して京都を出奔、伊勢国の北畠満雅のもとへ走り、挙兵したのである。ここに三度、朝廷は分裂したのだった。

だが、反乱は幕府軍によって鎮圧され、小倉宮も京都へと連れ戻され、嵯峨の地に幽閉された。けれど、大和国の越智《おち》氏をはじめ、十市《とおち》氏、久世《くぜ》氏、楠木氏といった旧南朝方がしぶとくゲリラ活動を展開、それからも室町幕府を悩ませ続けたのだった。

永享十二年（一四四〇）、三代将軍義満の子・大覚寺義昭《ぎしょう》が、そんな小倉宮聖承《せいしょう》（恒敦の子）をかついで謀反をたくらんだ。だが、この企ては失敗して九州で敗死、小倉宮もそれからまもなく消息を絶った。死去したものと思われる。

けれど、これで南朝再興の夢が消えたわけではなかった。嘉吉三年（一四四三）九月、突然、天皇の住む内裏が三百名の兵に襲撃され、三種の神器のうち神璽《しんじ》が略奪されたのである。これは、南朝遺臣の子孫である楠木氏や越智氏の仕業だった。

しかしそれから十五年後、奪われた神璽が無事に内裏に戻った。南朝方から奪い返したのは、赤松氏の遺臣たちだった。

播磨の守護・**赤松満祐**《あかまつみつすけ》は将軍**義教**を暗殺し、赤松氏は絶家してしまう。そこで遺臣たちが御家の再興をはかるべく、偽って吉野の南朝家臣となり、その信任を得て神璽のありかを探りだし、長禄元年（一四五七）十二月、南朝の皇統尊雅《そんが》王《おう》と自《じ》天王《てんのう》を殺害したうえ、神璽を奪還したのである。翌年、神璽が朝廷に返還されると、幕府は赤松家の再興を認めた。

ともあれ、南朝の皇統が殺されてしまったため、ここで南朝方の組織的な抵抗は終わりを告げた。

ただ、応仁の乱が勃発すると、南朝の皇統小倉宮王子を名乗る人物が紀州で挙兵し、京都に迫ってきたという伝承も残る。驚くべき執念であろう。

江戸時代は息を潜めていた南朝だが、明治時代になると、南朝と北朝どちらが正統かという議論が興り、結局、さまざまないきさつがあって、明治政府は南朝こそが正統な朝廷であると認定したのである。

その結果、歴史の呼称だった**南北朝時代**の呼称をやめ、南朝の拠点があった吉野をとって、国定教科書では**吉野時代**と呼ぶようになった。北朝系統の明治天皇を奉じて徳川幕府を倒したのに、なんとも奇妙な話だといえる。このあたりの詳しい経緯については後述する。

終戦後の昭和二十一年（一九四六）には、「自分は南朝の皇統を継ぐ者で、昭和天皇は私に譲位すべきだ」と熊沢寛道《ひろみち》という人物がＧＨＱに請願書を提出した。マスコミは騒然となり、彼は**熊沢天皇**と呼ばれて一躍時代の寵児となった。

いかがであろう。単純に一三九二年に南北朝が合一したといえないことを理解してもらえたのではないだろうか。

▼衰退する天皇家と義満の朝廷乗っ取り作戦

話を少し戻そう。

南朝の天皇は、南北朝合一まで**後醍醐・後村上・長慶・後亀山**の四代を数えるに過ぎないが、北朝は**光厳・光明・崇光《すこう》・後光厳・後円融・後小松**の六代に及んだ。

北朝では光明天皇の後、光厳天皇の第一皇子・興仁《おきひと》親王が即位して崇光天皇となった。崇光の時代は、観応の擾乱によって幕府の力が弱まり、南朝が京都を制圧した。その後、南朝が京都を撤退するさい、北朝の上皇・天皇らが南朝方によって河内国に連れ去られたことはすでに述べた。このとき花園上皇の息子で崇光天皇の皇太子だった直仁《なおひと》親王も拉致された。

つまりこの時点で、いったん北朝は消滅したといえるのである。

困った二代将軍足利義詮《よしあきら》は、先述のとおり、新たな天皇を即位させることに決めた。北朝を再興しようというのだ。義詮は、故・伏見上皇の妃・広義門院《こうぎもんいん》の命令というかたちをとって、光厳天皇の第二皇子であった弥仁王《いやひとおう》を擁立し、後光厳天皇としたのである。こうして強引に新しい北朝を復活させたのだ。十五歳の弥仁は仏門に入る予定であったから、まさか自分が皇位につくとは思ってもいなかった。

この頃の南朝の威勢は強く、たびたび京都に乱入してきたから、そのたびに後光厳は美濃や近江へと待避せざるを得なかった。後年になるとようやく室町幕府も盤石になり、応安四年（一三七一）、後光厳は息子の緒仁《おひと》親王へ譲位した。ところが、これより前、南朝に解放され京都に戻って来た崇光天皇は、廃太子となった直仁への皇位継承を主張したが、これは幕府の受け入れるところとはならなかった。

こうして将軍義満の時代、緒仁が**後円融天皇**となった。

この義満が南北朝を合一するのだが、延文三年（一三五八）に生まれた義満は、父義詮の死没によりわずか十一歳で足利家の家督を継いで将軍となった。少年だったので、**管領**《かんれい》の**細川頼**《より》**之**《ゆき》が幕政を主導したが、康暦元年（一三七九）、義満は頼之を失脚させ、京都室町に建造した「**花の御所**」と呼ばれる壮麗な自邸で政治をとるようになった。

永徳元年（一三八一）には後円融天皇を「花の御所」に迎え、同年、義満は朝廷の内大臣に就任している。これは、祖父の尊氏や父の義詮をしのぐ官位であった。義満は鎌倉で生まれた父とは異なり、京都に生まれ育ったはじめての将軍であった。少年時代、前関白の**二条良基**《にじょうよしもと》に貴族的素養を注入されたこともあり、朝廷文化に憧憬《どうけい》を持っており、強く高位高官を望んだようだ。実際、内大臣になった頃から花押《かおう》を公家風に変え、諸儀式も摂関家を模したものに改変している。

翌永徳二年（一三八二）、後円融天皇は、第一皇子の幹仁《もとひと》親王（後の後小松天皇）に譲位したが、義満が朝廷に力を伸ばそうとすることに対し、かなり警戒感を持っていたようだ。

続く翌永徳三年（一三八三）、義満は**准三后宣下**《じゅさんごうせんげ》をうける。皇后・皇太后・太皇太后に次ぐ地位という意味だ。これは異例のことであった。

その後、義満は南北朝を合一、強大な守護大名を討伐して勢力を削減、将軍に権限を集中させたうえで応永元年（一三九四）に将軍職を嫡男の義持に譲り、この年、太政大臣に就任する。将軍経験者として太政大臣になったのは、義満が初めてであり、武士としては平清盛以来、およそ二百年ぶりのことである。

翌年、義満は太政大臣を辞して出家してしまう。だが、その後も将軍義持を奉じて政権を握り続けた。あたかも院政の幕府版であり、朝廷における法皇（太上法皇）の立場に酷似していた。おそらく義満もこれを意識していたものと思われる。それは、応永四年（一三九七）に義満が京都北山に造営した壮大な邸宅が、上皇の御所である仙洞《せんとう》を模したことでもわかる。

また義満は、明との外交において日本国王を名乗り、正室・日野康子を後小松天皇の准母（天皇の生母に准じる地位）とし、応永十五年（一四〇八）に後小松天皇を北山第に招いたさいには、自らが天皇専用の衣をまとい、息子・**義嗣**《よしつぐ》を関白の上座においている。

次いで義嗣の元服を親王（天皇の子）の儀式に倣って宮中で執行、同時に後小松天皇の猶子《ゆうし》にさせた。

じつは将軍義満には、天皇家の血が流れている。義満の実母・紀良子《きのよしこ》は、順徳天皇の子孫なのだ。それゆえ義満は、やがて我が子・義嗣を天皇にすえ、天皇と将軍という二人の息子の上に立って、公武統一政権をつくって君臨しようと考えたようだ。が、運命は皮肉なもので、義嗣が元服してからわずか二カ月後、義満は病にかかって急死してしまい、その野望は崩れ去ったのだった。

もしこのまま義満が長生きしていれば、皇統は足利義満に乗っ取られた可能性がある。

義満の後を継いだ将軍義持には、王権を簒奪する気持ちはさらさらなかった。むしろ父に冷遇されたことを激しく怨み、父の政策をことごとくひっくり返したうえ、故・義満が朝廷から贈られようとした**太上天皇（上皇）**の称号も辞退してしまっているほどだ。さらに義持は、自分は武家の棟梁であるという立場を明確にし、朝廷の政務は後小松天皇と公家たちに一任したのである。

後小松天皇は、第一皇子の実仁《みひと》親王に応永十九年（一四一二）に譲位した。これにより十二歳の**称光天皇**が誕生した。朝廷の政務は後小松上皇がとり、称光は病弱だったこともあり、何ら活躍することなく、正長元年（一四二八）に二十八歳で若死にした。

称光天皇には子がおらず、彦仁王《ひこひとおう》が即位して**後花園天皇**となった。彦仁王の家系は、**伏見宮**

と呼ばれていた。伏見宮という宮家は、崇光天皇の第一皇子・栄仁《よしひと》親王が自称したことにはじまる。

この後花園天皇の時代は三十年以上におよんだが、この間、**嘉吉の乱**《かきつのらん》で六代将軍義教が殺害されて将軍の権威が低下し、有力な守護大名が幕政を牛耳るようになった。寛正五年（一四六四）に後花園は、子の成仁《ふさひと》親王（**後土御門天皇**）に譲位して院政をはじめたが、それから三年後の応仁元年（一四六七）、天下の大乱である応仁の乱が勃発し、世の中は戦国時代へと突入していったのである。

八代将軍**足利義政**《よしまさ》の正妻・**日野富子**は、十六歳で義政のもとに嫁いだが、なかなか男児に恵まれず、仕方なく義政は弟の**義視**《よしみ》を後継者とした。が、その年に富子は妊娠、翌年男児を産んだのだ。富子はどうしても我が子（**義尚**《よしひさ》）を将軍にしたいという気持ちを抑えきれず、有力な守護大名・**山名**《やまな》**持豊**《もちとよ》に接近、これを実現しようとしたのである。

これを危惧した義視も、管領（将軍の補佐役）の**細川勝元**《かつもと》に後援を要請した。

この頃、管領家（管領になれる三家）たる**畠山氏**《はたけやま》、**斯波氏**《しば》の間でも家督騒動がおこっており、西国の守護大名は、山名方と細川方にわかれ、一触即発の状態となった。

最初に戦いを仕掛けたのは、山名持豊のほうだった。

山名氏は、大軍を京都へ引き入れ、将軍義政に**畠山政長**《まさなが》（細川方）の管領解任を迫り、自派の**斯波義廉**《しばよしかど》を同職に就かせたのである。怒った政長は、上御霊神社《かみごりょうじんじゃ》を拠点として**畠山義就**《よしひろ》（山名方）と衝突、これを持豊軍が援護して戦いの火蓋は切って落とされた。まもなく山名軍は、政長軍を破って京都を制圧した。対して細川勝元は、赤松政秀《あかまつまさひで》、**斯波義敏**《しばよしとし》、武田信賢《たけだのぶかた》に命じて、各地の山名方の拠点を攻略させ、やがて京都に大軍を集結させた。かくして細川方（東軍）十六万と山名方（西軍）十一万が洛中で対陣するかたちとなった。

戦いは、長年管領をつとめた細川勝元が、縁ある京都周辺の武士を組織して優位に展開していった。だが、山名持豊はこれに屈せず、自分の領国から三万の兵を根こそぎ動員し、さらに有力な守護大名**大内政弘**《おおうちまさひろ》や河野通春《こうのみちはる》を味方につけて、たくみに善戦した。かくして戦いは、長期化・泥沼化する。

だが、両軍の総大将だった山名持豊と細川勝元は、奇しくも同じ年の文明五年（一四七三）に相次いで病死してしまう。これは、停戦の絶好の機会だった。ところが将軍義政は、真剣に両軍の調停に乗りだそうとせず、芸事や物見遊山に精を出し、東山に別邸を築いて茶や作庭にうつつを抜かした。

このため、その後も全国の守護大名は、何の目的もなくだらだらと戦争を続け、結局、多くの守護大名が疲弊して没落、室町幕府の威勢も山城一国周辺にしか及ばなくなる。かわって**守**

護代や**国人**（有力武士）などが在地に勢力を伸長し、やがて**戦国大名**へと転身していったのだった。

ようやく、京都における大乱が終息するのは、西軍の畠山義就と大内政弘が撤兵した文明九年（一四七七）のことであった。しかしながら、地方においては新興勢力を含む武士の戦争はやまず、次第にそれは激化、本格的な戦国時代へと突入していくのである。

まさにこの動乱の時代は、後花園天皇の後を受けて即位した後《ご》土御《つちみ》門《かど》天皇の治世であった。皇室はこの期間、最も衰退したといえるだろう。

大乱によって京都の市街地は焦土と化し、財政難で多くの宮中儀式が中断を余儀なくされた。また、貴族の多くが戦乱を避けて地方都市へ避難してしまった。さらに山名方が南朝の系統を継ぐ小倉宮を擁立し、戦乱に拍車をかけた。

後土御門天皇は明応九年（一五〇〇）に死去したが、財政が逼迫してしまって、葬儀がおこなわれたのは死後四十三日経ってからであり、次の**後柏原天皇**《ごかしわばら》（後土御門の第一皇子・勝仁《かつひと》親王）が即位式を挙行できたのは、なんと、天皇になってから二十二年目のことであった。すでに天皇は五十八歳になっていた。将軍家と本願寺の実如《じつにょ》が即位の費用を出してくれたのだ。

ちなみに後柏原天皇は、途絶えてしまった宮中儀式の復活に力を注ぐとともに、宮中の歌会始めを恒例化した人でもある。

次の**後奈良天皇**（後柏原の第二皇子・知仁《ともひと》親王）も、践祚《せんそ》してからなかなか即位式をあげることができず、各地の戦国大名などから献金をつのり、ようやく十年後、即位式を挙行することができた。朝廷はあまりの貧しさゆえ、天皇の直筆を売って財政の足しにするほどだった。

後奈良天皇の第二皇子・方仁《みちひと》親王は後奈良の崩御により弘治三年（一五五七）に践祚した。**正親町天皇**《おおぎまち》としての即位式は、**毛利元就**が献金してくれたことで、それから三年後、ようやく執行できた。

土御門・後柏原・後奈良の三天皇は、生前、皇太子に譲位し、上皇となって院政をしいていない。これは、朝廷の財政難のためだといわれている。また、この時期は、公家の多くが自分の所領へ下ってしまっている。このためますます朝廷は弱体化していったのである。

角川SSC新書

角川SSC新書

第三章　近世の天皇

安土桃山時代～江戸時代

近世（戦国時代～江戸時代）の天皇家（朝廷）は、武士たちに利用され、手足を縛られた状態だった。

戦国時代、朝廷は全く衰微してしまったが、**織田信長**の登場によってその状況は大きく変化する。信長は、十三代将軍**足利義輝**の弟・**義昭**を奉じて入京すると、義昭を十五代将軍にすえて京都を支配下においた。以後、急速に畿内に勢力をのばしていった。

こうした動きに危惧を抱いた**石山本願寺**の**顕如**、**比叡山延暦寺**、越前の**朝倉義景**などが信長と対立するようになる。その後、将軍義昭も信長に行動を掣肘《せいちゅう》され、両者は険悪な関係になった。すると義昭は、反信長勢力を巧みにまとめあげ、信長包囲網を構築したのである。

苦境に陥った信長は、この時期あたりから天皇や朝廷の力を大いに利用するようになっていった。長引く顕如との**石山戦争**に、**正親町天皇**《おおぎまち》を仲介させて講和に持ち込んだのはその代表的な例であろう。

また、室町幕府を滅ぼした後、信長は右大臣という朝廷の重職に就いている。このように天皇（朝廷）の権威を利用した信長であったが、朝廷に完全に取り込まれることを嫌い、太政大臣、関白、将軍といった役職を打診されても、ついにそれを受けなかった。むしろ信長は正親町天皇に**誠仁親王**《さねひと》への譲位を迫るなど、皇位に介入しようとしている。信長は誠仁を猶子《ゆうし》（家督相続権のない親子関係）にしており、二条御所を与えるなど優遇していた。この誠仁を天皇にすえ、己が朝廷を支配下におこうとしていたのである。だが、**本能寺の変**によって、そのもくろみは潰えてしまった。

続く**豊臣秀吉**は、当初は前将軍足利義昭の猶子となり、征夷大将軍となって幕府を開こうと考えていた。だが、義昭に拒否されたことで、政権の正統性を朝廷に求めることにしたのだ。秀吉は朝廷の太政大臣、関白といった最高職に就き、天皇から豊臣の姓を賜わった。そして**後陽成天皇**を**聚楽第**（京都の秀吉の邸宅）に招き、天皇の前で諸大名に臣従を誓わせ、九州平定や小田原征伐も天皇の停戦の意志に逆らったことを理由に実行したのだった。このように豊臣政権は、朝廷の威光を背景に成立し運営されたのである。

江戸幕府も天皇なくして存在しえない政権であった。形式的ではあったが、朝廷が徳川家の当主を将軍に任じて幕府（武家政権）を開かせ、政治をゆだねるという形態がとられたからだ。だから天皇という存在は、幕府にとって尊いものでなくてはならなかった。だが、そんな尊い存在がもし外様大名などに利用されたら、幕府政権は崩壊してしまう。

そのため幕府では、**禁中並公家諸法度**などで天皇や朝廷の行動を強く統制するとともに、**京都所司代**をおいて朝廷の動きを監視した。こうしたことに対し、江戸初期の**御水尾天皇**《ごみずのお》は反発して幕朝関係は険悪になった。しかし、それ以後は強大な幕府政権に抵抗しようとする天皇は現れず、そのまま幕末を迎えることになったのである。

1 天下人と天皇

▼織田信長と皇室

明智光秀が本能寺で**織田信長**を討ったのは、背後に朝廷の強い意志が働いていたという説がある。

織田家は、信長の父信秀の代から朝廷を尊崇《そんそう》し、たびたび朝廷に献金をおこなってきた。前章の最後で述べたように戦国時代の朝廷は、寂《さび》れきって経済的に困窮していたから、織田家の奉仕は朝廷にとってまことに有難いことであった。

永禄十一年（一五六八）に**足利義昭**をともなって上洛した信長は、皇族や公家たちの経済的安定をはかり、貸米制度を立ち上げ、御料所《ごりょうしょ》千石を献納、公家の借金を帳消しして、禁裏の大修築をおこなっている。

こうした保護は、朝廷からの要求もあったと思われる。たとえば同年、**正親町《おおぎまち》天皇**が信長に対し、息子の**誠仁《さねひと》親王**の元服費用を出してほしいと求めた書が残っている。

ただ、父と異なり、信長は慈善事業で朝廷を援助しているわけではない。じっさい、天皇の上意だとして敵大名の征伐に赴いたり、諸大名に上洛を命じたりしているからだ。

十年争った**本願寺顕如**《けんにょ》と和睦するさいも、天皇に仲介させている。ただ信長は、朝廷から官位授与の打診を受けても、これを固辞し続けてきた。ところが、天正二年（一五七四）、従三位・参議に任じられている。明確な方針転換である。

この年の三月、信長は朝廷に対し、突然、東大寺にある**蘭奢待**《らんじゃたい》（伽羅《きゃら》）の切り取り許可を求めてきた。

蘭奢待というのは、**東大寺正倉院の宝物**のひとつで、巨大な香木をさす。正倉院の宝物の多くは聖武天皇の遺品で、中国のみならず遠くインドや西アジア産の逸品も少なくない。蘭奢待は黄熟香《おうじゅくこう》ともいい、中国から伝来した香木で、おそらく南方のジャングルの土中に長い間埋没していたものを掘り出した最高級の品だろう。しかし、これが聖武天皇の遺品なのか、後に追加されたものかは不明だ。

ただ、伝承としては、黄熟香の香りに喜んだ聖武天皇が、「ランジャタイ」と命名したという。これは当時のインドの言葉で、人をほめるときに使うそうだ。この外来語に蘭奢待という漢字をあてたのは、ある種のシャレ。蘭には「東」が、奢には「大」、待には「寺」の文字、つまり東大寺の三文字が隠されているのだ。

その全長は一五六センチ、幹周りも最大四二センチあり、通常の香木に比べて巨大だが、中は空洞なので重さは一一キロ半しかない。黄熟香の名のとおり木目は黄色味がかり、わずかな加熱でも強く発薫する。

蘭奢待が初めて文献に登場するのは、建久四年（一一九三）の目録で、その後たびたび政治権力者によって切り取られた記録が残る。確実なところでは、室町幕府の三代将軍足利義満が至徳二年（一三八五）、春日神社に詣でたついでに正倉院に立ち寄り、蘭奢待の香を楽しんでいる。永享元年（一四二九）、六代将軍義教も、二寸ほど切り取って持ち帰っている。香道は、東山文化のとき急速に発達をみせるが、その文化を花開かせた八代将軍義政もやはり、寛正六年（一四六五）、蘭奢待を一寸四方二カ所切り取った。


さて、朝廷の許可を得た信長は、それから六日後、東大寺にも使者を送って、同様の旨を伝えた。火急だったため寺側は使者に引き取りを願ったが、その日に再度使者が訪れ、本日中に可否が知りたいという。

そこで東大寺は緊急会議を開いたが、「もし拒絶すればどんな目にあうかわからない」ということで、最終的に許可することにした。寺側では、信長の見物は来年だろうと考えていたが、なんと返事を出した四日後に、本人自らが奈良までやって来たのだ。しかも、滞在している多《た》聞城《もんじょう》まで現物を持ってこいという。

正倉院を開封するためには、正親町天皇の許可がいる。そこで東大寺は急いで勅許を求め、勅使が正倉院に下向《げこう》して正倉院の宝庫が開封され、蘭奢待は多数の護衛とともに多聞城へ運ばれた。このとき信長は、蘭奢待を一寸四方二片を切り取り、一片を正親町天皇に献上、もう一片は自らが薫香し、一部を尾張国一の宮に寄贈したという。

天正五年（一五七七）には右大臣・右大将となり、翌年には正二位に叙された。これは、十五代将軍足利義昭と不和になった信長が、義昭を放逐して室町幕府を瓦解させたあと、朝廷の権威を背景に己の政権を正当化しようとしたためだと考えられる。このように信長は、朝廷を尊崇するふりをして、巧みに朝廷の威光を利用したのである。

信長時代の天皇は、正親町天皇である。すでにかなりの老齢で、そんな天皇に対し信長は、たびたび譲位を迫っている。天皇は、その申し出に喜んで同意するが、不思議なことに、ついに信長が死ぬまで譲位しなかった。やはり、本心では退位したくなかったようだ。天正九年（一五八一）二月、信長は京都に大軍を入れ、大々的な馬揃えをおこなうが、これは正親町天皇に退位を迫る示威行動だと主張する学者もいる。では、なぜ信長は、天皇を廃することに熱心だったのだろうか。

それは、朝廷を牛耳るためだったと思われる。

信長は新帝に、正親町の第一皇子誠仁《さねひと》親王を望んだ。誠仁は、信長の猶子になっている。猶子というのは、養子のように家督相続権はないものの、名目上は子供である。さらに信長は、誠仁の子・五宮とも猶子関係を結んでいたといい、誠仁を即位させ、五宮を皇太子にすることによって、自らが准三宮、あるいは准太上天皇に任じられ、「治天の君」となって天下を統べようとした可能性が高い。正親町はこうした事態を憂慮して、譲位を拒んだのだといい、勤王家の**明智光秀**がそれを知って、信長を倒したのだとする説が、近年、盛んに語られるようになっている。

天正十年（一五八二）六月二日の本能寺の変のとき、誠仁親王は、信長が進上した二条御所に信長の嫡男**信忠**とともにいた。それを知った光秀軍は、誠仁を二条御所から脱出させたうえで、同所を攻めて信忠を自害させている。

本能寺で信長が死んだ三日後、安土に着いた明智光秀のもとに、正親町天皇は勅使・吉田兼《かね》見《み》を派遣して京都の治安維持を求めた。六月九日、再び光秀が京都にやってきたとき、摂関家や上級貴族たちはこぞって京都の白川・神楽《かぐら》岡《おか》に出てきて光秀を丁重に迎えた。対して光秀は、正親町天皇に銀子五百枚を上納したのである。つまりこの時点では、朝廷は完全に光秀を次の天下人として仰ごうとしていたわけだ。

ところがそれからわずか四日後、**羽柴秀吉**が大軍を率いて中国から畿内へはせ戻り、京都の郊外・山崎の地であっけなく光秀を倒してしまった。情況が激変したのだ。すると正親町天皇は、秀吉と信長の三男で**山崎合戦**に参加した**織田信孝**に戦勝祝いとして太刀を贈った。そして秀吉が入京してきたとき、光秀のとき同様、貴族たちはこぞって外に出てきて秀吉を出迎えた。何とも見事な豹変ぶりであった。

▼天皇を背景に成立した豊臣政権

豊臣秀吉は、本当は武士政権としての幕府を開きたかった。そのため室町幕府の十五代将軍で、信長に京都から駆逐された足利義昭に猶子にしてもらい、そのうえで将軍になろうとしている。しかし義昭がこれを拒絶したため、そのもくろみは潰えてしまった。

そこで秀吉は、朝廷の権威を利用して政権を樹立しようと考えたのである。

ただ、当初はそうした気持ちは有していなかったようで、山崎合戦で勝利し、九月九日には秀吉自らが主催して信長の百日忌を大徳寺で営み、信長の後継者たることをアピールしたものの、正親町天皇が秀吉に少将の地位を贈ろうとすると、秀吉はやんわりこれを断っている。けれど天正十二年（一五八四）、秀吉が**徳川家康・織田信雄《のぶかつ》**（信長の次男）の連合軍と**小牧・長久手**で戦うようになると、秀吉の態度が変わってくる。

同年十一月二十二日、秀吉は従三位大納言に就任する。長久手の戦いでは、秀吉軍は家康軍に敗れ、秀吉は危機に陥るが、やがて信雄と単独講和を結ぶことで家康に戦う名分を失わせ、撤退させることに成功した。そんな信雄に感謝する意味もあったのか、翌天正十三年（一五八五）二月、秀吉は自分の大納言の地位を信雄に与えたいと朝廷に奏請《そうせい》し、信雄が大納言に就任している。このため翌月には大納言であった秀吉は、正二位内大臣に叙任されている。

まもなく秀吉は右大臣就任を打診されるが、「右大臣だった信長が凶変に斃れたので、左大臣がよい」とさらに上位の職を要求したのである。このため左大臣だった近衛信輔《のぶすけ》は、左大臣より上の関白職を望むが、まだ関白に就任したばかりの二条昭実《あきざね》が「一年以内に関白職を辞した例などない」と拒否、信輔と昭実との間で対立がおこった。すると、秀吉は「両家の争いを鎮めるため、自分が関白を引き受けても良い」という意向を申し出てきたのだ。かくして正親町天皇は、仕方なく秀吉を関白に任じたのである。

こうして関白に就任した秀吉は、同年、天皇の意志であるとして、九州の諸大名に対して即時の停戦命令「**惣無事令**《そうぶじれい》」を発した。そして薩摩の**島津氏**がこれに従わないとして九州討伐を断行したのである。

ところで、織田信長の生前には退位しなかった正親町天皇だが、彼が皇位から降りたのは天正十四年（一五八六）のことであった。しかし、譲位したのは、誠仁《さねひと》親王ではなかった。もちろん正親町は、誠仁に位を譲ろうと考えていたのだが、その直前、誠仁が三十五歳の若さで没してしまったのだ。それゆえ、誠仁の第一皇子である和仁《かずひと》が即位して**後陽成天皇**《ごようぜい》となったのである。

後陽成天皇は、秀吉に豊臣の姓を与えた。同年末、秀吉の養女（関白近衛前久《さきひさ》の娘）前子《さきこ》を女御としたが、これにより、秀吉は形式上、天皇の外戚となったのである。

天正十六年（一五八八）、秀吉は京都に造った壮麗な邸宅である聚楽第《じゅらくだい》に後陽成天皇を迎えた。このとき天皇には六千人の警護がついたという。財政が乏しく即位の礼さえも挙行できなかった三十年前がウソのような話であろう。

秀吉はこのおり、正親町上皇や後陽成天皇、そして公家たちに多額の現金をばらまいたり土地を与えた。同時に秀吉は、諸大名たちからは自分の命令に従うよう誓紙を提出させた。天皇の威光を背景に、臣従を誓わせたのである。また、子のいない秀吉は、誠仁親王の子（後陽成天皇の弟）・智仁《ともひと》親王を自分の猶子とした。

このように秀吉は、朝廷の威光を背景として豊臣政権の確立をはかったのだった。

信長の死去からわずか八年で天下統一を成し遂げた秀吉であるが、さらに膨らむ野望に加え、諸大名に与える土地が無くなったこともあり、なんと、世界征服を企図するようになる。その手始めとして「唐《から》入り」を実行しようと動きだした。明（中国）の征服である。

秀吉は自ら大陸に渡って明朝を降伏させ、後陽成天皇を北京に迎え、日本の天皇には猶子の智仁親王か第一皇子良仁親王をすえようと考えた。このため秀吉は、朝鮮政府に協力するよう命じ、自らも肥前国名護屋に本陣をおいた。天正二〇年（一五九二）のことである。出立にあたり秀吉は、後陽成天皇のもとに挨拶に出向いた。後陽成は、大寺社に勅使を派遣してこの戦いがうまく行くよう祈願させた。

ところが、朝鮮が協力を拒んだことから、秀吉は**小西行長**と**加藤清正**らを将とした十六万人近い大軍を朝鮮半島に上陸させた。日本軍は苦も無く進軍を続け、あっという間に漢城を陥落させてしまった。こうした快進撃に喜んだ秀吉は、いよいよ後陽成を北京に移す準備を関白で甥の秀次に命じ、みずからも大陸へ渡る用意をはじめた。なお、後陽成には明国で十カ国を進上する予定であった。

こうした動きを知った後陽成天皇は、秀吉の渡海をとどまるよう認《したた》めた書を与え、間接的に北京への移座を拒んだのである。もちろん内心では、北京などへ移りたくないというのが本音だろう。

結局、朝鮮出兵はうまくいかず、いったん講和が成立しかけたが、その後、決裂。再出兵したが、この役の最中に秀吉が死んでしまったため、豊臣政権は撤兵を決定したのだった。

2 江戸幕府と朝廷の確執

▼幕府を開いた家康、朝廷を統制す

慶長三年（一五九八）に秀吉が死んでまもなく、後陽成天皇は第三皇子・政仁《ことひと》親王への譲位を希望する。だが、亡き秀吉は第一皇子である良仁《ながひと》親王を推していたこともあり、豊臣政権は譲位を認めなかった。

ところが慶長五年九月に**関ヶ原合戦**があり、豊臣政権の状況が一変した。この合戦後、豊臣家は一大名に転落し、天下の覇権は**徳川家康**が握るところとなった。

これにより政仁親王への皇位継承が容認される流れとなったが、実際には慶長十六年（一六一一）の譲位まで待たなくてはならなかった。

この間、家康は征夷大将軍に任じられて江戸に幕府を開いた。慶長八年（一六〇三）のことである。周知のように、征夷大将軍には源氏しか就けないという慣例があったが、家康は「これまで藤原氏を名乗ってきたが、もともと徳川氏は源氏（新田氏）の流れを継ぐ家柄なのだ」と主張して系図を差し出し、天皇に将軍宣下させたのである。さらにそれから二年後、家康の息子・**秀忠**がその地位を受け継いだ。これにより、以後は徳川家が将軍職を世襲し、天下を治

めるということを宣言したわけだ。

家康は、徳川家の当主が天皇から征夷大将軍に任じられることで政務を委託され、幕府という武家政権を開くという伝統的な形態で天下を治める方法をとった。つまり形式的には、徳川家の当主を将軍にしてくれる天皇のほうが徳川より偉いのである。そして、その天皇の存在なくして家康は政権の正統性を主張できないわけで、「天皇は貴い存在である」という**尊王論**は、幕府にとって排斥すべき考え方ではなく、むしろ幕府は積極的に尊王論を支持した。

いっぽうで、この天皇という権威が、**外様大名**に決して悪用されぬよう、徹底的に天皇や公家の行動を規制することにした。こうしてつくられたのが、**禁中並公家諸法度**《きんちゅうならびにくげしょはっと》である。

この法は、元和元年（一六一五）七月に出されたもので、全部で十七カ条にのぼる。

「**天子（天皇）諸芸能の事、第一御学問也**」が第一条。

要するに天皇は学問をしていればよいのだ。政治に口を出すなと釘を刺しているわけだ。

また、たとえ摂関家に生まれたといっても、才能のない者を三公（太政大臣、左・右大臣）や摂政・関白に任じてはいけないとか、武家に与える官位については、公家の定員外にしろとか、元号を選ぶときは中国の年号のなかからおめでたいものを選べなど、朝廷の専権事項や人事にまで干渉する内容になっている。

とくに、時の**後水尾天皇**《ごみずのお》（後陽成の第三皇子・政仁《ことひと》親王）を怒らせたのは、**紫衣**《しえ》についてであった。

▼紫衣《しえ》事件と女帝の登場

紫衣というのは紫色の袈裟のことで、特別な高僧以外身につけることが許されず、朝廷の許可が必要だった。この朝廷の専権事項であった紫衣の勅許に幕府は介入し、朝廷の寺社に対する権力を奪おうと企図し、同時に寺社に対する統制を強めようとした。そして「禁中並公家諸法度」や「**諸宗本山本寺諸法度**《しょしゅうほんざんほんじしょはっと》」でも、紫衣の勅許は慎重におこなうことが取り決められた。しかし、後水尾天皇は、その後も事前に幕府に知らせることなく、従前のごとく紫衣の勅許をくだしていた。

こうした状況に対して上洛した**大御所**（将軍を引退した人の呼称）の**徳川秀忠**は、寛永三年（一六二六）、大徳寺や妙心寺などに、「紫衣などの勅許は厳禁する」と申し渡したのである。

この命に対して、但馬《たじま》で庵《いおり》生活を送っていた大徳寺の**沢庵**《たくあん》は、翌年、にわかに上洛すると、大徳寺の正隠宗知《しょういんそうち》を推薦して、紫衣の勅許を得させたのである。これは明らかに、幕府の宗教政策に対する反抗だった。この堂々たる反逆を幕府は黙って見過ごすことはできない。そこで**黒衣の宰相**と呼ばれ、幕府に絶大な建言を持つ**金地院崇伝**《こんちいんすうでん》は、秀忠の意を受けて幕府の重臣・**土井利勝**や板倉重宗と相談。同年七月、全文五カ条からなる「諸宗法度」が発布された。

その内容は、元和元年（一六一五年）以降に出世（朝廷から紫衣などを賜ったりすること）した者をいったん無効とし、改めて吟味するというものであった。

また寛永五年（一六二八）、**京都所司代**の**板倉重宗**は、大徳寺に対し、「なにゆえ正隠を出世させたのか」とその事情を厳しく叱責した。これに対して沢庵は、「幕府が決めた三十年以上修行し、千七百則の公案《こうあん》（禅問答）を開悟しなくては紫衣を与えないというのはおかしい。そんなことになれば寿命が尽きてしまい、仏法の相続はなりがたい」と、かなり文字を含めた痛烈な抗弁書を幕府に提出した。

驚いた崇伝ら幕閣たちは、仕方なくある程度妥協することにし、沢庵らに詫び状を提出させることで決着をはかろうと、あらかじめその文面まで用意した。ところが沢庵は、それを無視し不遜な詫び状をしたためたのである。かくして沢庵は、配流されることになった。

これに腹を立てた後水尾天皇は譲位をちらつかせたが、幕府がこれを押しとどめたため、いったんは譲位を思いとどまる。

そんな寛永六年（一六二九）二月、江戸幕府の三代将軍**家光**は疱瘡を患って一時重体におちいった。家光の乳母・**春日局**は、将軍の平癒を祈り生涯にわたっての薬断ちを誓った。その甲斐あってか、家光はしばらくして回復する。喜んだ春日局は同年八月、伊勢と山城愛宕《あたご》社にお礼参りに出向くが、その帰途、後水尾天皇への拝謁を願い出たのである。

将軍の乳母であり、大奥で絶大な権力を有しているといえども、春日局は無位無官の武家の女に過ぎない。天皇への謁見など、到底かなわない夢であり、通常ありえないことだった。ところが春日局は、絶対に後水尾天皇に会うと言い張って聞かず、無理やり公卿である三条西実条《さんじょうにしさねえだ》の妹分にしてもらい、とうとう十月十日、参内を強行したのである。

こうしたやり方に朝廷の公家たちは、もはや朝廷の権威は地に落ちてしまったと大いに憤慨したという。が、後水尾天皇は、謁見のさい春日局に盃を与え、彼女の出身地にちなんで「春日局」という称号を賜っており、とくに波乱もなく会見は終了した。

ところが、である。

それから一月後、なんと後水尾天皇は、幕府や中宮**和子**《まさこ》（将軍秀忠の娘）に事前の相談なく、突如退位してしまう。春日局の行為が、天皇のプライドを甚《いた》く傷つけ、退位のきっかけとなったのは明らかだった。

なぜ春日局は、かくまでして天皇への拝謁を無理強いしたのであろうか。

おそらくそれは、天皇を退位させるためだったと思われる。つまり彼女は、まんまと所定の目的を達成したわけである。

この時代、朝廷と幕府の関係は険悪になっていた。家康以来、幕府は朝廷に対して非常に厳しい統制をおこない、天皇が政治的に利用されぬよう警戒してきた。そういう幕府の政策に、

天皇は
学問だけ
やってろ！
徳川 家康
ムカッ
後水尾天皇
さあさ 天子様
どうぞ
ご一献・・・・♡
春日局
何で 朕が
こんなババア
に・・・・!!
ブチッ
勝手に
勅許出しちゃ
ダメ!!
徳川 秀忠
プルプル
・・・・ッ
もー 我慢できん
譲位して
やる!!!
イエーイ
いい
タイミング
だ

後水尾天皇は不満を持ち、たびたび譲位をちらつかせては、幕府を閉口させた。

そんな寛永四年（一六二七）、前述のとおり、紫衣事件がおこったわけだ。しかし、この事件によって退位されてしまっては、幕朝関係の亀裂を天下にアピールすることになるので、幕府はいったん譲位を思いとどまらせた。

しかしながら幕府は、反抗的な後水尾帝を危険視し、数カ月後、春日局を参内させて、天皇が自ら退位するよう仕向けたのだろう。

ちなみに次期天皇には、中宮和子が生んだ七歳の興子《おきこ》内親王が選ばれた。**明正《めいしょう》天皇**である。八五九年ぶりの女帝であり、家光にとっては姪にあたる女性だ。こうして徳川家の血縁者が皇位を継いだことで、幕府は朝廷を掌握することに成功したのだ。

3　江戸時代の天皇

▼若死にした後光明《ごこうみょう》天皇、譲位を余儀なくされた後西《ごさい》天皇

江戸時代の天皇は、第百七代後陽成天皇からはじまって第百二十二代**明治天皇**までいる。すでに後陽成、後水尾、明正天皇については述べたので、ここではそれ以後の**後光明《ごこうみょう》天皇**と**後西《ごさい》天皇**に関して紹介していこうと思う。

後光明天皇は、後水尾天皇の第四皇子である。姉の明正天皇はあくまで中継ぎであり、後水尾はこの後光明に大きな期待を抱いていた。

後光明は十一歳で即位したので、実際の朝廷の政務は後水尾上皇がとることになった。後水尾は有能な教育係をつけるとともに、訓戒書などを与えて帝《みかど》としてのあり方を、後光明に徹底的に仕込もうとした。後光明は大変聡明で、漢学や儒学に傾倒するだけでなく、剣術の稽古にも精を出したと伝えられる。だが、天皇が剣を学ぶことはよろしくないと考えた京都所司代の板倉重宗は、「やめていただかないと、拙者が腹を切ることになります」と強く諫めた。すると後光明天皇は、「私は切腹を見たことがないので、良い機会ゆえ腹を切ってみよ」と反論したという。

二十歳からは自身が政務をみるようになったが、それから二年後、後光明は疱瘡のために急死した。これにショックを覚えた後水尾上皇は、「もうこの世には何の思いもなくなってしまった」といい、すぐに出家してしまった。ちなみに後光明天皇は、儒教に傾倒していたが、儒教の埋葬は土葬である。ゆえに、生前の遺志が尊重されたようで、この天皇の遺体は土葬にふされることになった。

なお、後光明には皇子がいなかったため、次に即位したのは、またも後水尾法皇の子だった。第八皇子の良仁《ながひと》親王である。ただ、こうして即位した後西天皇は、後光明天皇の養子になった

識仁《さとひと》親王（後水尾法皇の子）が大人になるまでの中継ぎだった。もともとは四カ月の乳児である識仁が天皇になる予定で、公家たちもそれに賛成していたが、これに後水尾法皇が反対し、中継ぎ天皇を立てたのだ。

後西天皇は、わずか九年で譲位した。それは、天皇自身に問題があったからではない。天変地異のせいだ。在位中、江戸の大半が焼失する明《めい》暦《れき》の大火《たいか》が発生、京都でも御所が火事で焼け、さらに翌年、京都で大地震が発生するなど、天変地異が続発したのだ。中国の影響を受け、当時も「自然災害が起こるのは為政者が悪い」という考え方があった。このため譲位を余儀なくされたのだという。何とも不運な天皇だ。

▼七十年もの間、朝廷に君臨し続けた霊元天皇（上皇）

後西天皇が譲位を余儀なくされたことで、識仁親王《さとひと》は、わずか十歳で即位し、**霊元天皇**《れいげん》となった。このとき院政を敷いていた後水尾法皇は、天皇の年寄衆（側近）に対して「霊元天皇を帝王にふさわしい人間として育てること。伝統を守り、神仏を敬し、熟慮できる人物にすること。学問のさまたげとなる流行の遊興やくだらない噂話を漏らさないこと。御前で下世話な話をしないこと」など、あわせて九カ条の「禁裏御所御定目《きんりんごしょおさだめ》」を発した。

だが、当時天皇を取り巻く少年公家たちには不良の振るまいや淫風がしばしば見られ、寛文十一年（一六七一）の花見の酒宴では、彼らと天皇が泥酔するという失態をみせた。

十代の後半になると、霊元天皇は次第にみずから朝廷の政務をとるようになるが、延宝七年（一六七九）、禁裏小番（公家が順番を決めて参勤や宿直をすること）をサボったという罪で鷲尾隆尹《わしのおたかただ》らを閉門にするなど厳しい処置をとった。また、関白を軽視して強引に事柄を決めたりする傾向が強かった。とくに後継ぎについては、小倉実起《おぐらさねおき》の娘との間に生まれた一宮を後継者とすることが、幕府の内諾を得て朝廷内でほぼ決定していたにもかかわらず、霊元天皇は勝手に一宮を大覚寺に入れることにして、五宮（朝仁親王《あさひと》）を後継者に定めてしまった。しかも、これに外戚の小倉実起らが反対すると、なんと、佐渡へ流罪に処したのである。さらに、霊元天皇は、人事にも強く自分の意向を反映させた。

三十代になると、霊元は天皇という束縛された立場から逃れ、上皇として自由な地位で朝廷の権力を握るべく、たびたび幕府に譲位の意向を告げるようになった。しかし幕府は、なかなかこれを許そうとせず、ようやく貞享四年（一六八七）、皇太子である朝仁親王（**東山天皇**）への譲位が認められた。

このおり幕府は、霊元天皇の強引な政治手法に警戒の念を抱き、大きなこと以外には朝廷の政務に口出しせぬよう霊元に求め、その院政を抑制しようとしたのである。

元禄六年（一六九三）、東山天皇が十七歳になると、霊元は次第に政務の委譲を天皇側近から迫られるようになった。すると霊元は、関白や**武家伝奏**（幕府と朝廷の連絡調整役）らに、天皇家に対する忠節や幕府にへつらうなとする誓紙に血判させたのである。このような強引なやり方に怒った幕府は、霊元上皇を叱責したため、同年以後、霊元は公然とは政務に口を出せなくなった。ただ、それからも陰ではいろいろ政務に介入し、暗然たる力を握り続けた。

霊元が最も力を入れたのは、朝儀再興であった。石清水《いわしみず》八幡宮放生会《はちまんぐうほうじょうえ》、皇太子冊立《さくりつ》の儀、**大**《だい》**嘗祭**《じょうさい》、賀茂祭《かもまつり》などが霊元の尽力で復活している。

なかでも特筆すべきは、大嘗祭の復活であろう。天皇が即位した後、最初におこなう**新嘗祭**《にいなめさい》のことである。新嘗祭とは、今年とれた穀物を神に供える儀式。具体的には、天皇が神様たちと神饌《しんせん》（お供え物）を食する儀式と公家たちとの饗宴で構成される。

天武天皇の時代に定められた儀式であり、記録に残っているのは次の持統天皇が執行した持統四年（六九〇）の大嘗祭である。

大嘗祭は、奈良時代、平安時代、鎌倉時代と脈々と継続してきたが、室町時代、とくに南北朝期になると衰退していき、文正元年（一四六六）の後土御門天皇を最後に中断していたのである。それを霊元は、東山天皇の即位にさいし、二二〇年ぶりに復活させたのだ。ただ、復活した大嘗祭は、中断期間が長すぎて失われてしまった過程も多く、さらに「御禊行幸《ごけいぎょうこう》」のように幕府の意向や財政事情によって復活を許されなかった行事もあり、かなり簡略化されてしまった。このため、霊元天皇の兄である尭恕法親王《ぎょうじょほっしんのう》や左大臣近衛基熙《このえもとひろ》などは大嘗祭の復活を批判するなど、朝廷内でもめてしまい、次の中御門《なかみかど》天皇のときには大嘗祭はおこなわれなかった。

東山天皇は大変温厚な人柄であり、関白近衛基熙とともに霊元上皇の影響力をおさえながら、幕府と協調する姿勢を堅持しつつ朝廷の政務をとっていった。これにより幕府も朝廷の禁裏御料《きんりごりょう》を増やしたり、陵墓の修復費を拠出したりするなど、盛んに経済的支援をおこなうようになり、幕朝関係はたいへん安定した。

しかし三十歳になった東山天皇は、病弱のために譲位を希望し、宝永六年（一七〇九）に息子の慶仁《やすひと》親王（のちの**中御門天皇**）に位を譲った。本来ならば、新たに天皇になった九歳の中御門のもとで東山が院政を展開するはずだったが、残念ながらそれから半年後に東山上皇は病没、かくして霊元上皇が再び朝廷の実権を握ることになったのである。

やがて霊元は出家して法皇になったが、幕府は幼い七代将軍の名を霊元に「**家継**」と付けてもらったり、霊元法皇の娘・八十宮を将軍家継の正室にすることに決定するなど、霊元に対してへりくだった態度を見せた。これは、まだ将軍が幼かったので、幕府が朝廷の権威を利用するためだったと考えられている。

なお、霊元法皇は享保十七年（一七三二）に七十九歳で崩御した。

▼将軍綱吉に赤穂浪士の切腹を決意させた皇子

将軍**綱吉**は、**赤穂藩主・浅野《あさの》長矩《ながのり》**が江戸城松の廊下で**吉良《きら》上野介《こうずけのすけ》**を小刀で切りつけたとき、激怒して浅野に即日切腹を命じ、御家を断絶させた。一方、吉良はお咎《とが》めなしとした。

国家老の**大石内蔵助《おおいしくらのすけ》**は、この事態に騒ぐ家臣たちを鎮め、粛々と赤穂城を明け渡し、藩を解散させた。しかしその後、京都で猛烈な御家再興運動を展開していった。けれども綱吉は、赤穂藩の再興を認めなかった。ここにおいて大石は、主君の無念を晴らすため、四十六人の赤穂旧臣を率いて江戸両国の吉良邸に討ち入り、吉良の首を奪い、主君の眠る泉岳寺へ出向いてその首を墓前に供え、幕府に自首したのである。

将軍綱吉は、赤穂浪士の討ち入りを聞いて思わず「あっぱれな者どもだ」と本音を漏らしてしまう。だが、寵臣の**柳沢吉保**は「許してはならず」と主張した。冷静に考えてみれば、吉保が主張するように、公儀の裁定を不服とし、徒党を組んで吉良に私刑をくわえたわけだから、これを許しては今後の政道は立ち行かなくなってしまう。

ただ、儒教道徳を深く信奉している綱吉としては、どうしても彼らの行為に共感を覚えてしまう。できれば亡君へ忠を尽くした義士の命を救ってやりたい。

この苦衷を察した柳沢吉保は綱吉に、

「赤穂浪士が公儀の法に背いたことは絶対に許せない。とはいうものの、彼らの行為はまさしく義である。ゆえに武士として名誉ある切腹を申しつけることが妥当であろう」

という学者の**荻生徂徠**《おぎゅうそらい》の意見を提示し、これを採用するように勧めた。いわば妥協策である。仕方がないと思ったのか、この提案に綱吉も賛意を表明、赤穂浪士の処分は切腹という方向で落ち着いた。

ところが、処刑申し渡しの二日前になって、綱吉は、やはり浪士らを助命してやりたいという気持ちを抑えきれなくなり、年賀の挨拶のために謁見に訪れた**公弁法親王**《こうべんほっしんのう》に救いを求めたのである。

公弁法親王は、後西天皇の第六皇子で**上野寛永寺**の貫主《かんす》と**日光輪王寺**の門跡《もんぜき》を兼ねた人物である。

江戸幕府は、上野寛永寺の貫主は、日光輪王寺門跡を兼務させ、両寺の貫主・門跡は皇子か宮家一族から出すこととした。これは外様大名が天皇を奉じて倒幕運動を起こしたさい、徳川家が朝敵になるのを防止するため、手元に天皇家の人間を確保しておくための戦略だとされている。

なお、公弁法親王は三十五歳の壮年で、大変聡明なうえ漢詩や書道に秀で、有名な古学者の**伊藤仁斎**《いとうじんさい》から儒学を習得し、仏教界のみならず、朝廷内でも重きをなしていた。なおかつ、綱吉の信任が非常に厚かった。その証拠として綱吉は、元禄十一年（一六九八）に五十万両という巨費を投じ、法親王の求めに応じて寛永寺境内に壮麗な根本中堂を建立してやっている。

そんな関係であったから、自分が赤穂浪士の処分についての苦悩を話せば、きっと本心を察して法親王のほうから助命の件を切り出してくれるだろう、そう綱吉は期待した。となれば、法親王のたっての懇願だとして浪士を大赦するという超法規的措置が可能となる。綱吉は、法親王に最後の望みをかけた。

それゆえに対面のおり綱吉は、

「まったく為政者というものは、心にいささかの暇もないものだ。聞き及んでおられると思うが、赤穂浪士の忠誠義烈の様は当世では珍しいことで、彼らを助けてやりたいのだが、政務をつかさどる立場ゆえ、彼らに腹を切らせなくてはならない」

と、さも悩み苦しんだ様子で語り、相手の憐憫《れんびん》を誘おうとした。ところが法親王は、綱吉の言葉を全く無視したのである。何事も聞かなかったように雑談を続け、しばらくして席を立ってしまったのだった。ここにおいて、綱吉の期待は完全に裏切られることとなった。こうして綱吉は、浪士へ切腹を申し渡さざるを得なくなったのである。

これは、**『徳川実紀《とくがわじつき》』**に載る話である。ところがその同じ実紀に、「またある伝えには」と伝聞であることを断りながら、もうひとつ別の逸話を記載している。それは、綱吉が赤穂浪士の措置について苦悩を打ち明けたとき、法親王は切腹させるべきだと答えたというものである。その理由は次のようである。

「彼らは長い間の困苦に耐え、ついに仇を討った。その志は達成したわけで、もはやこの世に未練はないはず。それが証拠に公儀に処分を任せると申し出ている。いまさら罪を許したところで、彼らは二君にまみえることはしないだろう。あたら忠義の士を路頭に迷わせ餓死させるくらいなら、武士の名誉を重んじてやり、公儀より切腹を申しつけるのが武士の情け。そうすれば彼らの志を空しくせずに済むうえ、公儀の法も正しくおこなわれたことになり、万事はうまく運ぶだろう」

この主張に綱吉も納得、ただちに浪士らに腹を切らせたという。いったいどちらの説が本当なのかは見当がつかないが、いずれにせよ、切腹の駄目押しをする役目を、公弁法親王が果たしたことは確かなようだ。

宝永四年（一七〇七）、法親王は准三宮にのぼり、正徳五年（一七一五）に公寛法親王《こうかんほうしんのう》に両門主の地位を譲り、京都山科に隠退して大明院と号した。そして翌正徳六年四月十七日、山科の毘沙門堂において死没した。まだ四十八歳の壮年だった。

ちなみに、上野寛永寺近辺の鶯谷《うぐいすだに》（駅名にもなっている）という地名は、法親王が鶯の雛をこの地に放ち、その数が増えて春になるといっせいに鳴き出したことから、そう呼ばれるようになったと伝えられる。

▼明和事件と尊号事件

中御門《なかみかど》天皇の時代、新しい宮家が創設された。

朝廷の衰退によって、天皇の皇子はいずれも寺院に入れられてしまい、代々皇族の身分を保持する宮家は、長いこと**伏見宮**だけだった。そこで秀吉の時代と江戸時代初期に**桂宮**、**有栖川宮**が創設されたが、それ以降、ずっと新しい宮家は創られなかった。

だが宝永七年（一七一〇）、東山天皇の第六皇子直仁《なおひと》親王を当主として、幕府は新たな宮家を創設することに決定した。それが**閑院宮家《かんいんのみや》**である。当時の実力者**新井白石**の建言であった。閑院宮には千石が与えられることになった。

じつはこの宮家があったことで、皇統の断絶が救われることになるのである。中御門天皇の後は、その第一皇子である昭仁《てるひと》親王が即位して**桜町天皇**《さくらまち》となったが、まだ三十一歳の若さで没してしまった。幸い桜町には皇子（遐仁《とおひと》親王）があり、彼が**桃園天皇**《ももぞの》となったのだが、桃園はさらに若い二十二歳で病没してしまったのである。

桃園の皇子・英仁《ひでひと》は赤ん坊だったため、仕方なく桃園の姉である智子《としこ》内親王が中継ぎとして即位し、**後桜町天皇**となった。江戸時代、二人目の女帝である。やがて英仁親王が伯母から譲位されて十二歳で即位、後桃園天皇となったが、この後桃園は、奇しくも父と同じ年頃（二十二歳）で死んでしまったのだ。

後桃園には幼い娘しか子供がいなかった。ここにおいて、皇統は断絶の危機に見舞われたのである。そこで、急きょ閑院宮家から皇子（師仁《もろひと》親王）を後桃園天皇の養子とし、皇位（**光格天皇**）につけたのだ。なお、皇后には後桃園の娘・欣子《よしこ》内親王を迎えた。

このようにしばらく短命な天皇が続いたが、この時代は、朝廷を揺るがす二つの事件が起こっている。それが**宝暦事件**と**明和事件**だ。

とくに幕府と朝廷の間に亀裂をつくったのが後者の明和四年（一七六七）に起こった明和《めいわ》事件である。

この事件の中心人物は**山県大弐**《やまがただいに》である。大弐は、甲斐国に山県山三郎の子として生まれたが、父が甲府城を守る与力の村瀬氏の家を継いだことから、少年時代に甲府の地で**垂加神道**《すいかしんとう》や朱子学を学んで成長、やがて京都に遊学して尊皇思想に傾倒するようになった。

いうまでなく尊皇思想というのは、天皇や朝廷を尊崇すべきだとする考え方である。

大弐はのちに父の役職を引き継いだが、弟が罪を得たことに連座して、御家は改易となってしまった。けれど大弐はたいへん博学な人物で、朱子学のほかに医学や天文学、地理学や算術、さらには兵学などにも深い知識を持っていた。そこで江戸へ出て医者をしながら、江戸八丁堀の長沢町で塾を開いた。博学の大弐の塾は評判になり、なんと門弟は二千人に達したと伝えられる。一時は請われて、若年寄で岩槻城主の大岡忠光に仕えたともいう。

山県大弐は、尊王論を説くとともに、いまの堕落した世の中を刷新せねばならぬと主張した。その著書『**柳子新論**《りゅうししんろん》』には、

「今の時に当り、士気大いに衰へ、内に廉恥《れんち》の心なく、外に匡救《きょうきゅう》の功なし。上天職を廃し、下人事を誤る。蚩蚩《しし》として商賈《しょうこ》と利を争ひ、農を妨げ工を傷《そこな》ひ、残害以て威と称し、飽食暖衣、安逸《あんいつ》以て徳と称し、日にその粟《あわ》を食《くら》ひ、日にその器を用ひ、これに報ゆる所以を知らず。驕奢《きょうしゃ》俗を成し、身貧しく家乏し。秩禄贍《た》らずして、給を商賈に仰ぎ、假《か》りて還さず、争論並び起る」

とあるように、大弐は、支配階級である武士の士気は衰え、恥ずかしいという気持ちもなく

商売に手を出して利をむさぼり、飽食や安逸《あんいつ》にふけり、驕奢《きょうしゃ》をなしていると、現状を痛烈に批判した。

そのうえ大弐やその同士の藤井右門《うもん》は、軍学を講じるさいに、箱根山の攻略術や甲府城の攻撃方法、さらには江戸城攻めの戦法を話すようになったのである。

大弐に心酔する門弟の一人に、神田小柳町で手習いの師匠をしている桃井久馬《きゅうま》という浪人がいた。この久馬は、このような大弐の発言に恐れをなし、同門で浪人の佐藤源太夫らとともに、山県大弐と藤井右門らが謀反を企んでいると幕府に訴え出たのである。彼らが差し出した書面には、大弐らと親交のある者たちの名がずらりと記されていた。

幕府は驚いて、すぐさまその書き付けにある人間たちを拘束して牢屋へぶち込み、謀反計画の有無を厳しく取り調べていった。もちろん、大弐も逮捕された。

ちなみに、桃井久馬らが大弐のことを訴え出たのは、連座を免れるためであったと思われる。取り調べの結果、山県大弐らに謀反の企みはなかったことが判明したが、幕府が下した大弐らに対する判決は、非常に厳しいものだった。

以下がその判決文である。

「兵学渡世《とせい》つかまつり（兵学を生業とし）、甲州、江戸そのほか御要害の地を、当地弟子共え申

し聞かせ、第一江戸御城西北の方、御手薄に候間、南の方より放火にて攻め候仕方口聞等、不届き至極《しごく》につき、死罪仰せつけられ候

八丁堀長沢町与兵衛店　浪人　山県大弐」

なんと、死罪に処せられることになったのである。

もっとも過激な発言をしていた藤井右門に至っては、死んだ後に首を晒《さら》す獄門に処せられることになった。ただ、激しい拷問を加えられたのか、右門はすでに獄死してしまっており、遺体を保存しておき、のちに品川刑場に首を晒している。

いっぽう大弐の処刑は、明和四年八月二十二日に執行された。享年は四十三であった。

この事件を明和《めいわ》事件と呼ぶ。

ちなみにこの事件より九年前、**竹内式部**《たけのうちしきぶ》という神道家が桃園天皇の近習たちに盛んに尊王論を吹き込み、これが問題視され、京都から追放された宝暦事件があった。

式部は今回の明和事件に何ら関係はなかったが、これを機に尊皇論者を嫌った幕府に捕らえられ、明和四年（一七六七）に八丈島に流されることになったのである。ただ、島流しの途中、三宅島で式部は病没したので、じっさいは八丈島に赴くことはなかった。

さらなる幕府と朝廷の摩擦事件に、寛政元年（一七八九）からはじまった**尊号事件**《そんごうじけん》がある。

先に述べたように、**光格天皇**は閑院宮《かんいんのみや》家出身である。そんな光格が実父である**閑院宮典仁親王**《すけひと》に太政天皇（上皇）の尊号を宣下《せんげ》したいと幕府に許可を求めてきたのである。

これに対して、時の為政者・**松平定信**は、「典仁親王は皇位についていないので認められない」と拒否した。ところが朝廷は再度、**武家伝奏**（幕府と朝廷の連絡調整役の公家）を通じて幕府に要求してきたのである。これに対して定信は「武家伝奏というのは、武家側に立つべき人間なのに、なんたることか」と激怒し、武家伝奏だった正親町公明《おおぎまちきんあき》らを処罰したのだ。これにより、朝廷と幕府の関係はにわかに悪化した。

それにしても、称号ぐらいよいではないかという気がするが、ここまで定信がかたくなに拒絶したのには理由があった。**十一代将軍家斉**《いえなり》に対する牽制だったのだ。

じつは家斉の父親も**御三卿**の一橋家の当主で、将軍経験者でない。だが、家斉はそんな実父に将軍を引退した人の呼び名である「**大御所**」を与えたいと考えていたのだ。

このため、定信が朝廷の尊号を拒むことによって、家斉の意図をくじこうとしたようだ。ただ、この尊号事件がきっかけで、定信と家斉は不和となり、まもなく定信は老中を辞職せざるを得なくなったといわれる。つまり、定信がおこなっていた**寛政改革**は、朝廷問題を発端に強制終了となってしまったのである。

その後、およそ半世紀は、将軍家斉が権力を握り、大御所となってからも数年間、息子である将軍家慶《いえよし》のもとで力をふるい続けた。といっても、きちんと政治をとったわけではなく、放漫財政を展開し、やりくりが苦しくなると、貨幣の質を落としてその差益でしのぐというひどい手法をとった。家斉自身贅沢であるとともに、妻が四十人以上おり、彼女たちの間に五十五人の子どもをつくったため、大奥の経費は大変な状況となった。ただ、このように幕府の統制は緩んだため、さまざまな娯楽や文化が花開いた。世にいう**化政文化**である。

そんな家斉時代の天皇は、**仁孝天皇**《にんこう》（光格天皇の第六皇子・恵仁《あやひと》親王）であった。文化六年（一八〇九）に皇太子となり、文化十四年（一八一七）に皇位を継いだ。とても学問に熱心な人で、学習所を創設し、これがのちに**学習院**となる。治世は三十年近くにおよび、弘化三年（一八四六）に四十七歳の生涯を閉じた。

第四章　近現代の天皇

幕末〜現代

近現代の天皇家は、時の政権によってその立場が大きく翻弄《ほんろう》されたといえる。

嘉永六年（一八五三）、**ペリー**が黒船四隻で来航し、幕府に強く開国を求めたとき、老中の**阿部正弘**は諸大名や幕臣のみならず、庶民にまで広く意見を求め、挙国一致でこの国難にのぞもうとした。けれどもそれが、人びとを政治に目覚めさせる結果となり、ひいては幕府の崩壊につながったとされる。さらにもう一つ、ペリーの来航は、天皇という存在を人びとに印象づけるきっかけとなった。阿部が天皇（朝廷）にこの出来事を報告したからである。

ただ、外交上の重大事を報告するというのは、幕府がつくった慣例だった。文化四年（一八〇七）、ロシア軍艦が働いた乱暴行為を幕府は自ら朝廷に報告したのだ。だから攘夷主義者であった**孝明天皇**は、即位した弘化三年（一八四六）、幕府に海防強化を求める勅を下し、外国の情報をできる限り報告するよう求めた。ゆえに阿部は、ペリーの来航を報告したのだ。

その後、孝明天皇は、**日米修好通商条約**への勅許を拒絶する。これで天皇の存在は強烈な光を放ち、天皇を奉じて外国を駆逐しようとする**尊王攘夷運動**が巻き起こり、その潮流はやがて倒幕運動へと変化、**大政奉還**（将軍慶喜の朝廷への政権返上）、**王政復古の大号令**（朝廷の新政府樹立宣言）へと発展していったのだ。

新政府は、あらゆる面で天皇を政権の求心力として利用した。政府の政治方針である**五箇条の御誓文**も、**明治天皇**が百官を率いて神々に誓う形式をとった。江戸を首都と定めた新政府は、天皇を江戸城に移して東京とし、天皇に盛んに地方巡幸をおこなわせ、人心をまとめようとした。西欧の風習や技術を取り入れるとき、真っ先にチョンマゲを切り落とすなど、その範を国民に示したのも明治天皇であった。**大日本帝国憲法**は、天皇が定めて国民に与えるという欽定《きんてい》形式がとられ、天皇が強大な権限を有する内容であったが、その実態は、行政権は内閣、立法権は議会、軍事は陸海軍が握っており、現代の象徴天皇制に近かったといえる。ただ、天皇が発した**教育勅語**は、国民精神の基本理念として日本中に浸透していくことになった。

大正天皇は病弱で、とくに皇位についてから満足に政務がとれない状況になった。その結果、世界的な民族自決主義、自由主義の拡大のなかで、天皇という存在が軽くなり、美濃部達吉の**天皇機関説**が主流となって天皇の独裁は否定され、政党政治がおこなわれるようになった。

だが、昭和に入って**軍国主義**が台頭し、日本は**満州事変**、**日中戦争**、**太平洋戦争**へと突き進んでいくなかで、「現御神《あきつみかみ》」としての天皇の存在はいっそう大きなものになった。多数の兵士が大元帥たる天皇の名の下、戦場で命を落としていった。

太平洋戦争は、最終的に**昭和天皇**の聖断によって無条件降伏を受け入れるかたちで終息した。戦後、アメリカは天皇の戦争の責任を問わず、日本の占領統治がスムーズに行くよう、その存在を利用した。こうして現憲法によって**象徴天皇制**が確立し、天皇は国民統合の象徴として存続し続けているのである。

1　王政復古と明治維新

▼条約勅許を拒否した孝明天皇

ペリーによって日本が開国したことをもって「近代」が始まるというのが、歴史学界の有力な説となっている。そして、このときをもって幕末という混沌の時期に入っていく。

幕末といえば、尊王攘夷運動が激化し、やがてそれが倒幕運動へと発展、幕府はついに崩壊するというイメージがあるが、それは正確とはいえない。

そもそも尊王攘夷論は、ペリーが来航する三十年近く前に出来上がったものなのだ。

もともと尊王論と攘夷論は全く別個の理論であった。

天皇を尊ぶという考え方は伝統的な思想であり、幕府もこれを容認してきた経緯がある。外国人を嫌い排斥しようという攘夷論は、十九世紀に盛んに外国船が日本近海をうろつくようになると自然発生的に起こってくる。

そんな全く異なる思想が融合したのは、水戸藩においてであった。

水戸藩は、第二代藩主**徳川光圀**《みつくに》のときから**彰考館**《しょうこうかん》（史料編纂施設）を設けて『**大日本史**』と称する史書を百数十年にわたって編纂し続けていた。その『大日本史』は、天皇に対して「忠か不忠か」という皇国史観で貫かれており、もともと水戸藩士は尊王思想の強い藩風を持っていた。

そんな水戸藩の伝統的尊王論が、攘夷論と融合したのは、文政七年（一八二四）五月末に起こった、ある事件がきっかけだった。

何の前触れもなく、水戸領内の大津浜に異国船が出現したのである。しかも船はそのまま浜辺に近づいて着岸し、異人十数名が上陸してきたのだ。このため藩では、大騒ぎとなった。

ただちに藩の役人が大津浜へ急行したが、異人たちはこのおり、堂々と水戸藩に食糧や水を要求した。仕方なく役人はそれらを与えて退去させたが、のちに判明したところでは、この異人たちは隣国のロシア人ではなく、なんと、はるか彼方のイギリス人だった。

この事件によって、水戸藩士の多くが、強い危機意識を持つことになった。

異国、とくにイギリスの軍事力は強大だ。それは、彼らが手にしている銃砲や黒船の構造を見れば、素人でも見当がついた。このままでは日本の国土が、異人によって奪われてしまう。彼らを追い払わねば。そうした猛烈なアレルギー反応が、領内に湧き起こったのである。外国人排斥思想、すなわち攘夷論である。

この拒絶反応が伝統的な尊王論と融合、「かつて日本の政治を担ってきた天皇を奉じて、諸藩が一丸となって日本に来航する外国人を打ち払うべきだ」という尊王攘夷の理論に構築したのが、水戸藩士の**会沢正志斎**《あいざわせいしさい》と**藤田東湖**《とうこ》という二人の学者だった。

会沢正志斎のほうは、実際、藩の筆談役として大津浜で異人と会っている。

正志斎は、「異人は捕鯨を装っていながら、内実は日本を侵略しようとしているのだ」と固く信じ、事件の翌年、尊王論と攘夷論を融合した「尊王攘夷思想」を記した『新論』を出版した。この書は、はじめて尊攘論を理論的に説いたものであり、後年、勤王の志士たちのバイブルとなっていった。

もう一人の藤田東湖も、大津浜事件とは無縁ではない。

異人上陸の報に接した会沢正志斎の師匠**藤田幽谷**《ゆうこく》は、老いた自分に代わり、息子に対し、「ただちに異人を討ってこい」と命じたのである。いうまでもなく、命じられた息子というのが、東湖だった。父の命に従って東湖は、刀を握りしめて大津浜へと走った。すでにこのとき、東湖は死を決していた。

だが、東湖が現場に到着したとき、異人は去った後だった。いずれにせよ、以後、東湖も正志斎とともに、尊王攘夷論を声高にとなえるようになり、「異人の魔の手から逃れるためには、思い切った藩政改革を断行せねばならぬ」と、改革派を組織して藩庁に改革を要求するようになったのである。

尊王攘夷思想はこのように水戸藩で盛んになったが、天保年間、外国船が頻繁に近海をうろつくようになると、対外的な危機意識を持った青年たちが、全国から水戸にやって来ては、会沢正志斎など弘道館の教授陣に薫陶を受けて国元に帰るという「水戸詣で」が流行した。

嘉永四年（一八五一）――ペリーが来航する二年前、あの長州藩の**吉田松陰**も水戸を訪れている。松陰は、会沢正志斎の著書『新論』を読んで感銘を受けており、短い滞在期間中、六度も正志斎を訪ねた。松陰は、

「会沢を訪《おとな》うこと数次なるに、率《おおむ》ね酒を設《ま》く。水府（水戸）の風、他邦（他藩）の人に接するに、款待《かんたい》甚《はなは》だあつく、歓然としてよろこびを交え、心胸を吐露して隠匿するところなし。会々談論の聴くべきものあれば、必ず筆を把りてこれを記す。是れ其の天下の事に通じ、天下の力を得るゆえんか」

と腹蔵なく心情を吐露し、正志斎と天下国家の行く末を語り合ったことを書き残している。

そんな松陰はその後、ペリーの船でアメリカへ密航しようとして幕府に逮捕され、長州の獄でしばらく過ごした後、萩の自宅に蟄居する。藩では、有能な松陰が自宅で私塾を主宰する許可を出した。その私塾が、**松下村塾《しょうかそんじゅく》**である。

現存している松下村塾は、八畳ほどの小さな講義室が基本で、その裏に小部屋がいくつかあるだけ。そんな簡素な建物から**高杉晋作**、**久坂玄瑞《くさかげんずい》**、**桂小五郎**、**伊藤博文**、**井上馨**、**山県有朋**、**品川弥二郎**など、幕末・維新で活躍する偉人が多数輩出した。松陰が指導にあたったのはわず

かに二年。この事実は、教育というものが施設の良し悪しでないことを物語っていよう。

安政五年（一八五八）、アメリカの総領事ハリスの交渉がみのり、幕府は**日米修好通商条約**を結んだ。続いて幕府は、オランダ、ロシア、イギリス、フランスの四カ国とも同じような通商条約を締結し、翌年から横浜・長崎・箱館の三港で、列強諸国との交易がはじまった。

じつはこれらの条約は、天皇の許可無く結ばれたものであった。

このときの天皇は、孝明《こうめい》天皇である。

天保二年（一八三一）、孝明天皇は、仁孝天皇の第四皇子として誕生した。名を熙仁《ひろひと》といい、弘化三年（一八四六）に即位した。

江戸時代、国家間の条約を結ぶさいは天皇の許可が必要だったが、あくまでそれは形式的なものに過ぎず、幕府は簡単に勅許を獲得できると思い込んでいた。日米修好通商条約の勅許については、幕府の最高責任者である老中の**堀田《ほった》正睦《まさよし》**が、それをもらうために自らわざわざ京都に赴いている。

ところが孝明天皇は、大の攘夷主義者で、外国人が神州日本に入ることは許せないと考え、これを拒絶したのである。驚いた堀田は、仕方なく公家たちの説得工作に乗り出した。このため関白も賛意を示し攘夷をとなえる反対派の公家をおさえようとするが、結局、孝明天皇の意志は変わらず、勅許は獲得できなかった。これが一因となって、堀田は失脚してしまった。

堀田の失脚後、**大老**に就任した**井伊直弼**《いいなおすけ》は、いまアメリカと条約を結ばないと、やがてやって来るイギリスやフランスと艦砲外交によってさらに屈辱的な条件で条約を結ばなくてはならないと判断、無勅許で条約を締結したのである。

このおり孝明天皇は激怒し、譲位を表明して引き籠もってしまった。

そして、それからもまもなくして孝明天皇は、**戊午の密勅**《ぼごのみっちょく》を水戸藩に下したのだ。その内容は、勅許なくして条約をむすんだことに対する説明を幕府に求め、攘夷を実行しろというものだった。だが、この密勅は、関白を通さず、直接、天皇が水戸藩という一大名家に勅を下し、水戸藩から諸藩にこれを伝達するよう申し渡すという異例の手法がとられた。その後、同様の勅語を幕府にも下したが、このように幕府を抜きにした勅語はこれまで無かったことで、幕府をないがしろにした逸脱行為といえた。

ここにおいて井伊直弼は、水戸藩をはじめとする尊攘派の大名やその家臣たちを大弾圧する決意を固めた。世にいう**安政の大獄**のはじまりである。

この間、対外貿易がスタートしたが、主力の輸出品は品薄状態となり、それに連動して諸物価が高騰し、庶民生活を圧迫していった。とくに生糸やお茶は高い評価を受け、大量に海外へと輸出された。このため、生糸や茶を扱う在郷商人や売り込み商は、生産農家から直接商品を買い付けると、そのまま横浜などの開港場へ運んで売却した。これまでは、農村で生産された品物のうち、幕府や藩へ払う税以外の一般品（納屋物）は、いったん江戸や大坂などの問屋に集積され、問屋商人から仲買い、そして小売りへと流れるシステムが出来上がっていた。しかし、貿易がはじまったことで、生糸や茶などの輸出品については、そうした流通の仕組みが崩れてしまったのである。

そのため江戸などの大消費都市では、必需品である生糸や茶が品薄となり、両製品の値段が跳ね上がって、それと連動して諸物価も急激に高騰していった。たとえば、生糸の価格は貿易がはじまってわずか五、六年で五倍、米の値段はなんと、十倍近くにまで跳ね上がったのである。こうしたインフレ状態が続けば、庶民の生活は立ち行かなくなり、不満が高まって一揆や打ちこわしが起こるだろう。治安の悪化と物流システムの崩壊を心配した幕府は、万延元年（一八六〇）閏三月、**五品江戸廻送令**を出した。

これは「生糸、呉服、雑穀（米・麦以外の穀物）、水油、蝋《ろう》の五品については、直接開港場の横浜へ運ぶことを認めず、産地からいったん江戸に廻送しなくてはならない」という法令である。だが通商条約では、列強との交易は自由貿易を原則としていたから、五品江戸廻送令は条約に違反するとして、外国商人や在郷商人から強い反発をうけた。

なお、この法令は、生糸以外の四品についてはかなりの効果を上げたものの、生糸については、イギリスなどがたびたび抗議を繰り返し、結局、生糸に関してこの法令は、有名無実化してしまった。

　また輸入により、安い外国の商品がドッと国内に押し寄せてくることになった。なかでも壊滅的な打撃をこうむったのは、綿業農家や紡績・綿織物業者だった。イギリスがインド産の安い綿花や綿織物を大量に日本にもたらしたからである。

　いずれにせよ、貿易の開始によって生活が苦しくなり、多くの人々は外国人を憎み、下級武士らによる外国人殺傷事件も相次いだ。

▼王政復古の大号令

　安政の大獄で尊攘派を圧迫した井伊直弼は、安政七年（一八六〇）三月に水戸浪士らによって桜田門外で暗殺された。大老が白昼あっけなく殺されたことで、幕府の権威は失墜し、それと対照的に異人を排斥せよと叫ぶ孝明天皇の威光が高まった。このため、志士を自称する尊攘派の下級藩士たちが京都の朝廷に群がるようになり、やがて朝廷全体が、尊攘色に染め上がっていく。

　こうしたなか、老中の**安藤信正**《のぶまさ》は、朝廷と融和しながら政権を運営していこうという方針に大転換した。これを**公武合体運動**という。そして公武合体のため、孝明天皇の妹**和宮**を将軍**家**《いえ》**茂**《もち》の妻に迎えることにしたのである。当初、孝明天皇は難色を示していたが、幕府が「近い将来攘夷を決行する」と約束したこともあり、最終的に同意し、文久元年（一八六一）に和宮は江戸へ下った。

だが、こうした動きに対し、尊攘派は「和宮を人質にとって朝廷の動きをおさえようとしているのだ」と激怒、翌年正月、安藤は水戸浪士の襲撃を受け（坂下門外の変）、失脚してしまったのである。

またも最高指導者が襲われたことで、幕府の力は急速に弱体化した。それに追い打ちをかけるように、朝廷からは勅使が派遣され、幕府に対して盛んに将軍の上洛と攘夷を迫るようになった。このため将軍家茂は二百年ぶりに京都へ上洛し、攘夷派の圧力によって「**文久三年（一八六三）五月十日**をもって攘夷を決行せよ」と諸大名に命じてしまったのである。

この日、孝明天皇は「日本が焦土になっても、交易は好まない」という宸翰《しんかん》（天皇直筆の書）を出したが、実際に攘夷を決行したのは長州藩だけであった。

なお、尊攘派の中心には関ヶ原合戦に敗れた長州藩士が多く、彼らは徳川家に深い怨みを抱いていたから、攘夷祈願ということで天皇を大和に行幸《ぎょうこう》させ、そのまま攘夷軍を結成し、その軍事力で外国人を駆逐するとともに、幕府も倒してしまおうと考えはじめていた。

孝明天皇は、過激な攘夷主義者であったが、幕府を倒すつもりなど、さらさらなかった。あくまで政治は幕府にゆだねようと考えていた。だから、こうした動きに嫌悪感を示すようになったのである。

会津藩や薩摩藩など公武合体派勢力は、こうした孝明天皇の真意を理解すると、**文久三年八月十八日**に朝廷内でクーデターを決行、尊攘派公卿七名と長州系志士らを駆逐したのである。その後、孝明天皇は、**京都守護職**をつとめた会津藩主**松平容保**《かたもり》を深く信頼するようになっていった。

なお、長州藩は下関に襲来した列強の連合艦隊にあっけなく敗れ、また薩摩藩も鹿児島に攻めてきたイギリス艦隊に大きな傷手を受け、両藩の尊攘派ははっきりと攘夷の不可を認識するようになった。同時に長州と薩摩は、欧米列強の殖民地に転落するのを防ぐため、朝廷を中心とした**雄藩**の連合政権をつくる必要を感じた。

ところが孝明天皇は、相変わらず幕府を頼みとしており、その攘夷思想も変わることはなかった。また、日米修好通商条約で開港することになっていた兵庫も、断固開かせまいとした。

慶応二年（一八六六）一月、密かに**薩長同盟**が締結された。同年の第二次長州征討では、薩摩が参加を拒否、裏で長州を助けたこともあり、幕府の征討軍は大敗を喫してしまった。幕府の崩壊は、時間の問題となったのである。

同年十二月、脚気で死去した家茂にかわって将軍となった**慶喜**《よしのぶ》は、倒幕派が勢いづくなか、孝明天皇の幕府への支持を支えとして宮中で主導権を握り、猛烈な幕府軍の軍制改革を断行し

て倒幕派に対抗しようとしはじめた。ところが同年十二月二十五日、孝明天皇が急死してしまったのである。疱瘡による病死とされるが、体中の穴から血が噴き出し、顔面の紫斑とその最後の苦しみ方は、毒殺ではないかとささやかれた。犯人は大久保利通と岩倉具視《ともみ》だという説もあるが、もはや確かめようはない。だが、孝明天皇が急死したことで、最も得をしたのは倒幕派であったのは間違いないだろう。孝明天皇はまだ三十六歳だった。

2 明治天皇と大日本帝国

▼聡明なる天皇の戦争反対

孝明天皇に代わって皇位を継承したのは、孝明の第二皇子・睦仁《むつひと》親王（**明治天皇**）であった。

まだ十六歳の少年で、即位した慶応三年に幕府が大政奉還したのを受け、**王政復古の大号令**を発したが、実際は、朝廷の倒幕派が実権を握っており、**鳥羽・伏見の戦い**から始まった**戊辰戦争**で日本を統一したのも、天皇の意志とは何ら関係のないことであった。さらにその後、明治天皇は御所を江戸城へ移したが、明治の世となってからも、少年天皇はしばらく、お飾り的な存在に過ぎなかった。

なお、明治政府は、短期間で欧米のような近代国家になることをめざし、殖産興業政策に力を入れていった。そんなとき、天皇は近代化の象徴として、最初に思い切ったことをやった。いや、やらされたといってよいかもしれない。チョンマゲを落としてみたり、鉄道の開通式に臨んだりと、日本国民に、その風習が野蛮であることや欧米の文明がすぐれたものであることを証明してみせる存在となったのだった。また、地方巡幸もたびたびおこない、日本国民に新しい支配者である天皇の威光を見せつけたが、この行動も当初は、政府の高官や側近がやっていることであり、天皇自身の意志とはいえなかった。

だが、明治十年代に入ってくると、明治天皇は次第に政治力を持つようになってくる。

佐々木高行《たかゆき》など宮中（宮内省）における天皇の側近（侍補《じほ》）たちも、明治天皇の成長を見て、天皇親政運動を展開するようになる。やがて宮中勢力は、政府の人事にも関与しはじめた。こうした動きを危惧した政府の高官たちは、侍補制度を廃止するなど、宮中勢力を抑え込んだのである。

しかし、政治に目覚めた明治天皇は、連日のように閣議に参加するようになる。天皇親政を企図するようになったのだ。

この頃、政府の中心人物は、**大隈重信**を明治十四年の政変で駆逐した**伊藤博文**であった。伊藤は、内閣制度、皇室典範、華族令など立憲国家への準備を着々と整え、その総仕上げとしてドイツに範をとった憲法の制定作業をおこない、枢密院において草案を天皇臨席のもとで審議させた。この過程を経て明治二十二年（一八八九）二月十一日、明治天皇が国民に与えるという欽定《きんてい》形式をとって**大日本帝国憲法**が制定された。

第一条　大日本帝国ハ万世一系ノ天皇之ヲ統治ス
第三条　天皇ハ神聖ニシテ侵スヘカラス
第四条　天皇ハ国ノ元首ニシテ統治権ヲ総攬シ此ノ憲法ノ条規ニ依リ之ヲ行フ
第十条　天皇ハ行政各部ノ官制及文武官ノ俸給ヲ定メ及文武官ヲ任免ス
第十一条　天皇ハ陸海軍ヲ統帥ス

この原文を見てわかるとおり、天皇の権力が強大な憲法であった。

ただ、実際に行政権や軍事指揮権があったとしても、政治や戦争を天皇個人ですべて担《にな》えるはずもなく、行政は内閣に、軍事は陸海軍にゆだねられた。また、この憲法はかなり解釈に幅のある内容になっているので、大正時代には美濃部達吉の天皇機関説が主流となり、政党内閣が政治を行い、天皇の立場は、実態としていまの象徴天皇制と大きく変わらなかった。

翌明治二十三年（一八九〇）には、**教育勅語**が発布された。これはやがて国民の精神的支柱となり、天皇制も急速に国民のなかに浸透していくようになった。

同年、帝国議会が開かれたが、民党（いまでいう野党のような政府反対政党）が過半数を制して大幅に政府予算案を削ろうとした。こうした状況は日清戦争まで続いていくが、政府はときおり天皇の力を借りて勅語で助け舟を出してもらい、議会を乗り切った。

ただ、明治天皇は内閣の人事に口を出すこともあった。たとえば、**陸奥《むつ》宗光《むねみつ》**についての人事である。彼は、剃刀と呼ばれるほど頭が切れたが、明治十年に謀叛を企んだことがあった。そのため明治天皇は陸奥に不信感を抱いており、大臣に内定していたのを覆《くつがえ》したり、農商務大臣から外務大臣に起用しようとしたとき、これを拒むなどしている。

そんな陸奥外務大臣が強引に勃発させた**日清戦争**についても、明治天皇は勝てるかどうかわからない大国清と戦うことに内心反対で、宣戦布告してからもなお「今回の戦争は朕素《もと》より不本意なり」（『明治天皇記』）と述べたという。また、宮内大臣の土方《ひじかた》久元《ひさもと》が明治天皇に対し、

「伊勢神宮や先帝の陵墓に戦勝祈願をする勅使を遣わしたいので、人選について御意志を伺わせていただきたい」と伝えると、天皇は「それにはおよばない。今回の戦争は、私の本意ではない。閣僚たちが、戦争は已《や》むをえないと私に奏上してきたので、仕方なくこれを許したのだ。そんなかたちではじまった戦争なのに、皇祖神や先祖に奉告《ほうこく》するのは嫌だ」と拒否したという。

それから十年後、**日露戦争**が勃発する。今度は清国とは比較にならぬ大国ロシアである。

明治三十七年（一九〇四）二月四日、臨時の御前会議で明治天皇は開戦を決定し、翌日、ロシアに宣戦布告と同じ意味を持つ最後通牒《つうちょう》を発し「対露宣戦大詔《たいしょう》」をくだした。

「朕、茲《ここ》ニ露国ニ対シテ戦ヲ宣ス、朕ガ陸海軍ハ、宜《よろし》ク全力ヲ極メテ、露国ト交戦ノ事ニ従フベク、朕ガ百僚有司《ひゃくりょうゆうし》ハ、宜ク各々其職務ニ率ヒ、其権能ニ応ジテ、国家ノ目的ヲ達スルニ努力スベシ」とロシアと戦うことを高らかに宣言、ロシアの不誠実な態度を非難し、ロシアの満州占有と韓国進出が極東の平和を危うくすると述べ、「帝国（日本）ガ平和ノ（外交）交渉ニヨリテ、求メントシタル将来ノ保障ハ、今日、之ヲ旗鼓《きこ》（戦争）ノ間ニ求ムルノ外ナシ、朕ハ汝有衆（国民）ノ忠実勇武ナルニ倚頼シ速ニ平和ヲ永遠ニ克復シ、以テ帝国ノ光栄ヲ保全センコトヲ期ス」と国民を激励した。

こうした威勢の良い言葉とは裏腹に、開戦の十日前から天皇の食欲は減退し、御前会議の前日の二月三日からは食べ物を口にできなくなった。

さらに開戦を決定した後、「今回の戦争は私の意志ではない。が、事ここに至ってしまっては、もうどうすることもできない。もし敗北すれば、どう祖先にお詫びし、国民に顔向けできようか」と涙を流したという。

明治天皇は終戦まで軍服姿で過ごし、夏の暑い日もこれを脱ごうとしなかった。また、ほとんど皇居から外へ出ることなく、戦況についてはいつでも報告するように指示し、送られてくる報告書には丹念に目を通した。

さらに、戦地にいる兵士の労苦を思い、戦争がはじまると部屋のストーブを片付け、火鉢だけで過ごした。八万を超える戦死者の名簿と写真にはすべて目を通し、珍しい名があると、その由来を尋ねたという。

典侍《ないしのすけ》の高倉寿子《としこ》は、その頃の天皇の様子を次のように語る。

「そのころ天皇は御格子《みこうし》（寝所）に入らせたもうても、ろくろくお眠りあそばされませんでした。注意していると、微かにお咳をあそばすにも、お夜具でお口を覆われて、お声の洩れないようにあそばされました。夜じゅう反側、お眠りなきように拝するので、翌朝、昨夜もおやすみあそばされないようでございましたが、とお伺い申上げても、『いや、よく寝た』とかならず仰せられましたが、これは人々に心配させまいとの、優しきお心使いからでした」（杉森久英著『明治天皇』中央公論社）

明治天皇は日露戦争が終結して七年後、満五十九歳で崩御したが、この日露戦争が天皇の寿命を縮めることになったといえるのではないだろうか。

大喪《たいそう》の日、日露戦争の旅順攻撃を指揮した第三軍の**乃木希典《まれすけ》**が殉死した。これは、日本の国民に大きな衝撃を与えた。

▼北朝天皇のもとで成立した南朝正統論の不思議

国定教科書というのは、国家がつくる教科書のことである。種類は一種類しかない。ただ、それ以前は、いまと同じように検定制度をとっていた。

だが、明治三十五年（一九〇二）、**教科書疑獄事件**が発生する。教科書会社から文部省の役人や有力校長など、教科書の採択に関係する人々が賄賂をもらっていたことが判明、多数が摘発された事件だ。これを機に政府は、教科書を国定にすることとし、翌年、はじめての国定教科書がつくられた。

明治三十七年版の国定教科書『小学日本歴史』（第一期本）における後醍醐天皇の建武の新政についての評価を見てみよう。

「かく一統の政治や整ひしかども、弊害、従ひて起り、内奏、しきりに行はれて、賞罰、その富を得ざるもの多かりき」「天皇はまた兵乱の後なるにもかかはらず、諸国に課して大内裏を造営せんとしたまふなど、民力の休養に怠りたまふこともありき。されば新政に対する不平は、しきりに起り、人々、中興の政治を喜ばずして、かへつて、武家の政治を慕ひ、つひに、ふたたび、天下の大乱を見るに至れり」

このように、新政の混乱ぶりを述べ、天皇さえも容赦なく批判していることがわかる。一方、後醍醐から政権を取った足利尊氏に対しては、

「才智に富み、巧に、将士の心を収めたりしかば、人々、源氏の昔を思ひて、心を、これに寄するもの多かりき」

と、その人柄を褒めている。

明治四十二年（一九〇九）九月、第二期本『尋常小学日本歴史』が発行されたが、後醍醐天皇や足利尊氏の評価は第一期本を踏襲し、朝廷については南北朝を併記していた。執筆者は歴史学者として有名な**喜田貞吉**である。

翌明治四十三年（一九一〇）、明治天皇を暗殺しようという計画が発覚したとして、幸徳秋水《こうとくしゅうすい》ら社会主義者が大勢検挙された。世にいう大逆《たいぎゃく》事件である。この裁判は極秘だったが、このおり幸徳は「いまの天皇というのは、南朝の天皇を暗殺して三種の神器をうばった北朝方の天皇ではないか」と述べたといい、この発言が外にもれた。

これがきっかけになり、読売新聞は社説で「もし両朝の対立をしも許さば、国家の既に分裂

したること、灼然火を睹《み》るよりも明かに、天下の失態之より大なるは莫《な》かるべし。何ぞ文部側主張の如く一時の変態として之を看過するを得んや」「日本帝国に於て真に人格の判定を為すの標準は知識徳行の優劣よりも先づ国民的情操、即ち大義名分の明否如何に在り。今日の多く個人主義の日に発達し、ニヒリストさへ輩出する時代に於ては特に緊要重大にして欠くべからず」（明治四十四年一月十九日付）と論じ、南朝を正統としない文部省の方針を厳しく批判した。

すると、藤沢元造衆議院議員がこの件について文部省に質問書を送りつけ、文部大臣小松原英太郎に面会を求め、「この教科書の編纂は国体上、許すことができぬ失態である」と痛撃し、次の国会では「南朝から北朝に譲った三種の神器、これには意味がないということなのか。楠木正成、新田義貞は忠臣であり、足利尊氏は逆臣ではないのか？　文部省は国定教科書でウソの歴史を教えて皇室の尊厳を傷つけ、教育の根底を破壊するのか」といった質問演説をすると宣言したのである。

マスコミは、この**南北朝正閏《せいじゅん》問題**を連日大きく取り上げた。

議会で皇室の正統性に関する問題を取り上げることを避けたい小松原文相は、三時間にわたって藤沢議員に言葉を尽くして質問の撤回を求めたが、結局、藤沢はこの依願を拒絶したのである。

困った小松原は、藤沢の親友である早稲田大学講師牧野謙次郎や大阪に住む藤沢の父親・南岳翁に説得してもらおうと手を回したが、頑固な藤沢は決心を変えず、伊勢神宮へ行ってしまった。

二月十六日、いよいよ議会での藤沢の質問の日がやってきた。

この日、藤沢の質問を聴こうと議会の傍聴人は満員となったが、その六割近くが教育関係者や学生だったという。

ところが藤沢は、「自分の質問については、昨日面会した**桂太郎**首相が了解してくれたので、議会の場であえていう必要がなくなった」と述べ、質問を撤回したうえ、議員を辞職してしまったのである。

じつは藤沢は、桂首相に丸め込まれたのだ。桂のあだ名は「ニコポン」。誰に対しても愛想がよく、ニコニコして相手の肩をポンと叩いて籠絡してしまうことに由来する。いったいどのように桂が藤沢を落としたのかわからないが、人びとの期待は尻つぼみに終わってしまった。

なお、約束どおり、第二次桂太郎内閣は、この教科書を執筆した教科書編修官喜田貞吉を休職処分にし、教科書の使用も禁じた。

さらに同年三月、明治天皇の勅裁というかたちで、南朝こそが正統な皇統であると定めたのである。明治天皇は、北朝系の天皇なのに、何とも不思議な決着である。

これは、幕末の尊王攘夷論と関係がある。

尊攘論は、前に述べたように水戸藩で興った思潮である。徳川光圀は南朝を正統とする視点で『大日本史』を編纂させた。さらに幕末にベストセラーとなった**頼山陽**《らいさんよう》の『**日本外史**』も同様だった。

このため志士たちは南朝を正統と考え、不忠の臣である足利尊氏を憎み、等持院の足利氏三代の木像の首を斬って晒《さら》すという事件も起こっている。もちろんこれは、江戸幕府の将軍の首を暗示させようとしたものでもあった。さらに志士らは、孝明天皇や明治天皇を鎌倉幕府を倒した南朝の後醍醐天皇になぞらえ、江戸幕府を倒したのである。

こうして成立した明治政府ゆえ、南朝を否定することができなかったのだろう。

なお、国定教科書は、南北朝の部分が大きく改訂された。

これまでの「南北朝時代」というタイトルは消え、南朝が政権をおいた吉野の地にちなみ、「吉野時代」と変えられた。さらには、その人物評も大きく変化する。

明治四十四年（一九一二）に改訂された国定教科書『尋常小学日本歴史』は、足利尊氏について次のように表記している。

「尊氏大望を抱き、北条氏に屈従するを快しとせず、幕府の命により兵を率ゐて京都に上るや、にはかに鉾《ほこ》をさかしまにして、勤皇の軍に加り、遂《つい》に六波羅を陥れしなり。されど尊氏はもとより王政の復古を希ひしにあらず、自ら源氏の幕府を再興せんとせしなり」「尊氏は是等《これら》不平の武人をかたらひ、遂に鎌倉に據《よ》りて叛《はん》せり」

　このように、己の欲望のために、尊氏は後醍醐天皇を利用し、やがては叛旗をひるがえして政権を奪取するといったように、評価が一変している。さらに、

「尊氏擅《ほしいまま》に幕府を開きしが、無道の行《おこない》甚《はなは》だ多く、直義とも睦《むつ》ましからずして遂に之を殺し、部下の将士も屢々《るる》叛《そむ》き」

　とあるように、その無道な性格のため、部下に全く人望がなかったように書き改められてしまった。わずか数年のあいだに、とても同じ人間とは思えぬほど、歴史教科書における尊氏の評価は下落してしまったのである。

　なお、軍国主義が台頭してきた昭和九年、ふたたび足利尊氏が政争の具になったことがある。同年、雑誌『現代』の二月号に**中島久万吉**《くまきち》の雑文が載った。中島がかなり以前に書いたものを転載した文章である。その内容は、足利尊氏をプラス評価するものであった。

　中島久万吉は、坂本龍馬の海援隊に属し、維新後は自由党の副総裁となった中島信行の息子だ。やがて商売で頭角を現し、古河財閥を創設した実業界の重鎮であった。

　この当時は、**斎藤実**《まこと》内閣の商工大臣の地位にあった。

「そうした国務大臣の地位にある者が、逆賊である足利尊氏を讃えるというのは許しがたい」

という非難が、衆議院予算総会でおこり、さらに貴族院において、右派の菊池武夫や三室戸《みむろど》敬《ゆき》

光《みつ》など貴族院議員が激しく中島を攻撃し、斎藤実首相に中島の大臣罷免を求め、本人にも爵位辞退を要求したのだ。

こうした動きに、右翼も便乗した。これは、陸軍の大陸政策に消極的だった斎藤内閣を困らせようとする意図があったという。いずれにせよ、中島は自ら商工大臣を辞職せざるを得なくなったのである。

3 昭和天皇の戦前と戦後

▼大正デモクラシーと天皇機関説

美濃部達吉は、東京帝国大学教授で憲法学者、なおかつ戦後東京都知事を長くつとめた**美濃部亮吉《りょうきち》**の実父である。大正時代、彼はその著書『憲法講話』や『憲法撮要《けんぽうさつよう》』などで、大日本帝国憲法の解釈に関して**天皇機関説**をとなえ、当時の知識人たちに多大な影響を与えた。天皇機関説は国家法人説ともいい「国家は法人（人間以外のもので、人格を持つと考えて法律の上で権利や義務が与えられた団体）であり、主権（統治権）は国家が持っていて、天皇は国家の最高機関として、憲法に従って国家に属する統治権を総攬（政治を一手におさめる）する」という考え方である。

さらに同説を補足すると、「国家を同じ目的を持つ多数の人間の集合体と考える。すなわち、天皇も議員も一般国民も、共同の目的で結合している組織なのだから、国家の最高機関である天皇は、自分自身のためにではなく、組織全体の目的のために統治権を行使すべきだ」というのである。

同時に美濃部は、天皇が国民の権利をおさえて絶対服従を要求するような専制政治を展開することに反対し、憲法をより民主的に解釈して、政党内閣制を積極的に容認する発言をした。

大正時代初期、この天皇機関説に真っ向から反対して天皇主権説（あくまで主権は天皇自身にあるとする説）をとなえる上杉慎吉との間に、壮絶な論争が展開されたが、結果的には天皇機関説が主流になっていき、**吉野作造の民本主義**とともに、政党内閣制の理論的根拠となり、大正末期から昭和初期にかけての政党政治の実現に大きく寄与した。

このような状況が生まれた背景として、**大正天皇**の存在の希薄さがあげられる。

大正天皇は明治天皇の第三皇子として生まれた。名は嘉仁《よしひと》。明治天皇の子どもたちは次々と夭折《ようせつ》してしまい、そうしたなかでの待望の男児であり、成人した男子も嘉仁だけであった。だが、生まれてまもなく嘉仁は大病を患い、その後も脳膜炎や腸チフス、百日咳にかかるなど、幼少期はたいへん病弱だった。明治二十二年（一八八九）に皇太子となり、明治三十三年（一九〇〇）に九条道隆の娘・節子《さだこ》と結婚、裕仁《ひろひと》（のちの昭和天皇）、雍仁《やすひと》（秩父宮）、宣仁《のぶひと》（高松宮）、崇《たか》仁《ひと》（三笠宮）の多くの男児に恵まれた。二十代になると健康も回復するが、皇位につくと再び健康をそこね、公務もままならぬ状態になったので、大正十年（一九二一）に皇太子の裕仁が摂政として公務につくことになった。だが、その後も大正天皇の健康は回復せず、同十五年（一九二六）十二月に四十八歳で死去した。

さて、天皇機関説だが、軍国主義が台頭してくると、迫害の対象となった。大日本帝国憲法を自由主義的、議会主義的に解釈し、大正時代に主流となった学説だったのに、貴族院議員の菊池武夫が「反国体（反天皇制）的だ」と猛攻撃しはじめたのである。当時美濃部は、東京帝国大学名誉教授で貴族院議員でもあったが、菊池の発言が発端となり、貴族院で天皇機関説を非難する声が高まり、やがて軍部や右翼が中心になって、天皇機関説排撃キャンペーンが展開されていった。

政府に対して彼らは、「美濃部から議員の職を奪うこと、美濃部の著書の発禁、天皇機関説を支持する教授・官僚の免職」を要求していった。

これに対して穏健派の**岡田啓介**内閣は、最初は天皇機関説を容認する発言をしていたが、「内閣は手ぬるい。総辞職すべきだ」と攻撃の矛先が自分に向かってくると、ついに手のひらを返し、『憲法撮要』など美濃部の著書を発禁処分とし、「統治権が天皇になく、天皇は統治権を行使するための機関だとする天皇機関説は、天皇制に反するものである」とする**国体明徴声明**《こくたいめいちょうせいめい》を出した。つまり岡田内閣は、軍部や右翼の主張に屈服してしまったのだ。かくして、軍部や右翼の発言力は、ますます高まることになった。

▼昭和天皇の倒閣

大正天皇が崩御したため、摂政だった裕仁が大正十五年（一九二六）十二月二十五日に皇位に就いた。年号は昭和と改められた。

翌年、中国において**蔣介石**《しょうかいせき》の国民党は、共産党と連携して軍閥を平定し、中国を統一しようと北伐を開始した。このおり、日本は邦人保護の名目で三度にわたって山東半島へ出兵し、済南で日中両軍が衝突、その関係はにわかに悪化した。

当時、日本は南満州に利権を持っていた。この地域を支配していた軍閥は、奉天軍閥の**張作霖**《ちょうさくりん》であった。**田中義一**首相兼外相は、この張作霖を援護して蔣介石の動きを止めようと考えていた。

ところが、昭和三年（一九二八）六月四日、事件が起きた。北京から満州に向かっていた張作霖の乗った特別貴賓列車が、奉天郊外にさしかかったとき、何者かによって爆破されたのだ。張は瀕死の重傷を負い、まもなく死亡した。

日本の軍部中央は当初、これを蔣介石の中国国民党の仕業だと発表したが、調査をしてみると、実は満州に駐在している**関東軍**の謀略だったことが判明した。

満州にいる日本の軍隊を関東軍という。そもそも関東軍は、日本がポーツマス条約（一九〇五年）で得た関東州（南満州の一部）と満鉄を守備するためにおかれた日本陸軍だった。ところが、大正八年（一九一九）に関東都督府が関東庁に改組されたおり、この軍隊が独立して、関東軍ができたのだ。本部は旅順におかれていた。

今回の事件は、この関東軍が政府や軍部中央の了解を得ずに起こした無謀な行動であった。関東軍がこうした行為に出たのは、「蔣介石の国民革命軍に、張作霖はとても歯が立たない」ということを、関東軍首脳部が現場にいて実感していたからである。にもかかわらず田中内閣は、あくまで張を支援して蔣介石に対抗しようと考えていたので、「それならば、実力行使によってその方針を転換させてしまおう」と血気にはやって暴走したのだといわれている。

関東軍の高級参謀**河本大作**大佐らは、「満州全土を大混乱に陥れ、それを収拾するという名目で関東軍が満州地域を武力制圧し、国民革命軍に備えることが日本のためだ」と信じ、騒擾《そうじょう》のきっかけとして、張の暗殺を選んだのである。

こうすれば、中国全土から満州を切り離して直接日本の支配下におくことができると判断したのだ。いかにもおおざっぱで無謀な計画だと思えるが、事件関係者は、これしかないと信じ込んで実行したのである。

こうした真相はだんだんと外に漏れはじめ、それを海外のマスコミが嗅ぎつけて騒ぎ出した。そこで政府は、国内のマスコミに対して事件の報道を規制。そのため、当時の国民は、張作霖の爆殺については何の真相も知らされず、事件自体も満州某重大事件と呼ばれたに過ぎなかった。

一方で田中首相は、陸軍に徹底した調査を命じ、昭和三年（一九二八）十月、張の暗殺が関東軍の犯行だと判明すると、「絶対に許せない」と激怒、すべてを**昭和天皇**に報告し、事件の関係者は厳罰にすると約束した。

ところが、である。そんな約束をしながら、結局田中は、関係者たちを軽い行政処分で済ませてしまうのだ。

「事件が明るみに出てしまうと、陸軍の権威が失墜してしまう」と軍部が反対し、与党の立憲政友会も、事件の公表を機に中国全土を統一した国民党（南京政府）が、満蒙《まんもう》からの撤退を日本に求めてくることを恐れ、軍部に同調したからだといわれている。

そのために田中は、最初の威勢の良さとは打って変わり、事件をうやむやに処分してしまったのである。こうしてあいまいに処理された張爆殺事件の結果は、田中によって昭和天皇に上奏された。

このときの昭和天皇の反応は驚くべきものだった。

「厳罰に処するといったのに、約束が違う！」と田中を叱責、「もうお前から話を聞く気はない」と責めたと伝えられる。

田中は翌日ふたたび拝謁を願ったが、天皇は許さなかった。そのため田中は、内閣を総辞職したのである。天皇が内閣を崩壊に至らせたのは前代未聞のことであった。がしかし、天皇の怒りは無理のないことで、田中がもし反対勢力をおさえて断固たる措置をとっていれば、その後の関東軍の暴走はおさえられたかもしれないのである。

辞職から二カ月後、田中は心不全で急死した。爆殺事件のストレスが彼の寿命を縮めたのは確実だろう。

参考までに、その後の中国情勢について述べておく。

昭和四年（一九二九）、蔣介石の中国国民党がついに中国全土を統一した。満州に攻め込んで北伐を完了させたわけではない。満州軍閥が、すすんで蔣介石の味方になってしまったのだ。張作霖が爆殺されたあと、満州軍閥を引き継いだのは息子の学良《がくりょう》だった。彼は、関東軍の陰謀によって父が殺害されたことを知りながら、素知らぬふりで親日的な外交を続けるとともに、巧みに事態を収拾して満州内に混乱が起こるのを防いだ。この時点で、関東軍の野望は達成できなくなった。そうしておいて張は、突然蔣介石にくだったのだ。

かくして満州には、中国国民党の旗である青天白日旗がはためくことになった。いずれにせよ、関東軍の張作霖暗殺は、まったくの逆効果となってしまったのである。

なお、昭和天皇は、自分の発言が倒閣に至ったことを反省し、以後、政治的な発言を慎むようになったという。

▼二・二六事件における昭和天皇と秩父宮

昭和十一年（一九三六）二月二十六日未明、陸軍青年将校らが千四百人の兵を連れ、首相官邸や各大臣官邸、警視庁を制圧。元首相の**斎藤実**・**高橋是清《これきよ》**など、次々と政府要人を襲っていった。このクーデターが、世にいう**二・二六事件**だ。彼らの目的は、腐敗した政治家を排除し、**真崎甚三郎《まさきじんざぶろう》**大将を首班とする軍事政権を誕生させることにあったとされる。そのさい、もし昭和天皇が反対すれば、天皇を廃して弟の**秩父宮雍仁親王《やすひと》**（大正天皇の第二皇子）を擁立する予定だったとする説がある。

翌日、決起将校の一人、安藤輝三《てるぞう》大尉は、電通社員宇田武次《たけつぐ》のインタビューに答え、「今夜、秩父宮もご帰京になる。弘前、青森の部隊も来ることになっている」と語っている。彼はまた「この度、秩父宮殿下が御上京になったので、我々は宮を指導者としていただく。よって昭和維新の成功は間近である」、そう部下たちに演説したという。

安藤大尉は、秩父宮とは子弟関係にあり、個人的に親しくしていた。安藤が国家革新思想に傾倒するに至ったのは、秩父宮の影響だともいわれている。事件当時、秩父宮は歩兵第三十一連隊の大隊長として弘前にいた。ところが、高松宮から電話でクーデターを知らされると、上京に及ばないという宮中の意向を無視して、東京に帰ってきてしまうのだ。何とも不可解な行動である。果たして安藤がいうように、青年将校に担がれるつもりだったのだろうか。

それについて、真相はわからない。

秩父宮は居ても立ってもいられず東京へ向かう決心をしたものの、列車に乗り込む時点においても、まだ己の態度を決めかねていたのではないかと思う。

大それた行為ではあるが、反乱を起こした安藤たちの気持ちはわかる。いっぽう兄が断固たる鎮圧を決意していることも想像できた。

将校に味方するか、天皇に協力するか、まずは自分の目で事態を見、そのうえで判断したい、そう考えたのではなかろうか。

秩父宮の車両には、途中駅から陸軍大臣代理や宮内省関係者が乗り込んできた。彼らは天皇の考えや現況を正確に宮へ伝えた。秩父宮の気持ちが定まったのは、おそらくこの時点だったと思われる。

なお、昭和天皇は、自分の重臣を殺害した反乱軍に激しい怒りをあらわにし、本庄繁侍従武官長に対し、即座に反乱を鎮圧するよう厳命していた。ところが本庄はクーデターを起こした皇道派（天皇親政を目指す一派）に近い陸軍の長老で、その意志を明確に下達しなかったばかりか、むしろ天皇に対し反乱将校を擁護する言上をおこなった。

川島義之陸相を筆頭とする陸軍首脳部も、反乱軍の強い要求にたじたじとなってそれを容認する発言をしていく。おそらく軍首脳部は、今度は自分たちがテロのターゲットにされるのを恐れるとともに、陸軍が陸軍を討つ状況を是が非でも避けたかったのだ。

つまり事態は、天皇の意志とは正反対の方向へ動き出していった。これは、統帥権を総攬《そうらん》する天皇への明らかな冒涜《ぼうとく》であった。

天皇はたびたび本庄を呼びつけては速やかなる反乱鎮圧を要求し、その命令が履行されない現実に不満を募らせ、「奴らは私の股肱《ここう》の臣《しん》を虐殺した兇暴な者たち。なにゆえ討たないのか」と難詰、ついには「私が自ら近衛師団を率いて討伐する」とまで口にした。だが、それでも鎮圧作戦が開始されることはなかった。こうした天皇の孤立を聞いた秩父宮は、肉親として自分は徹底的に兄を補佐しようと決意する。

二十七日夕刻、秩父宮は上野駅に到着した。駅には近衛師団歩兵第一連隊が待ちかまえていて、そのまま秩父宮を警固して宮中へ同行した。反乱将校が秩父宮を奪うのを警戒するととももに、宮が反乱軍に接触するのを防止する策だったと思われる。

宮中に着いた秩父宮は、天皇に会う前に、天皇側近の木戸幸一から「天皇の苦悩を察し、どうぞ弟として助けてあげて欲しい」と依願された。世間では秩父宮が二・二六事件に関係あると噂されており、木戸の発言から宮中に秩父宮に対する不信感が広がっていたことがわかる。だが、木戸の言葉に対し秩父宮は「もちろんだ」ときっぱりと答えた。

この後、昭和天皇と秩父宮は二人きりで話をした。会談後、天皇は大変機嫌が良くなり「弟は五・一五事件のときよりずっと考え方が良くなった」と周りに話したという。

きっと秩父宮が「自分はあくまでも天皇と行動をともにする」と申し出たのだろう。以後、反乱が鎮圧されるまでの三日間、秩父宮は天皇の側にあって、天皇を補佐し続けた。

▼昭和天皇の聖断

日本に無条件降伏を求める**ポツダム宣言**の草案は、アメリカの手によってつくられた。スティムソン陸軍長官とマックロイ陸軍次官補らが部下を使って基本構想案を作成させ、主旨説明書とともにトルーマン大統領に手渡し、ポツダム会談におもむかせたのである。

意外なことに、当初ポツダム宣言の草案には、現天皇家のもとで立憲君主制を認めるという記載があった。じつはそれこそが、日本の大本営をして、連合国への降伏を躊躇させている案件そのものであった。もしこれがそのままプレス発表されていれば、日本はすぐにでもポツダム宣言を受け入れ、歴史は大きく違う展開を見せたろう。

だが、天皇制の容認部分は、国務省や統合参謀本部の反対により、削除されてしまったのだ。スティムソン陸軍長官は、それに関して**トルーマン大統領**に憂慮の念を伝え、「もしポツダム宣言の後も日本が降伏しないなら、大統領が口頭で天皇制の保障を伝えてほしい」と要望している。トルーマンは、これを了承した。

いずれにせよ、ポツダム宣言は、ベルリン郊外のポツダムの地で米英ソの首脳が集まって最終案が練られ、七月二十六日に米英中三国の名で発表された。ソ連がこれに加わらなかったのは、日本と中立条約を結んでいたからである。

ポツダム宣言では、日本軍隊の無条件降伏を要求し、「これ以外の選択はあり得ず、いうことがきけないのなら、そのときは日本を完全に壊滅する」という厳しい文言があった。が、平和産業の維持や将来の貿易許可など、それまでアメリカが主張してきた無条件降伏一辺倒が緩和されていた。やはり、アメリカとしては、本土決戦に持ち込んで多大な犠牲を払いたくなかったし、できれば、ソ連が参戦する八月十五日以前に日本に降伏してほしかったのだ。

東郷茂徳《しげのり》外相は、ポツダム宣言を聞くと、「ポツダム宣言の真意は、単なる無条件降伏の強要ではなく、ドイツに対する扱いよりはるかに良い」とし、最高戦争指導会議において、これを拒否すべきではないし、もし拒絶すれば重大な事態に陥ると警告した。

鈴木貫太郎首相もそれに同意したが、結局軍部の圧力により、記者団に対しては「我々はポツダム宣言を黙殺し、戦争遂行に邁進《まいしん》する」と語ってしまうのである。

これを聞いたアメリカは、日本が最終的な降伏通告を拒絶したとみなし、広島への原爆の投下を実行した。さらに、八月八日にはソ連が対日参戦し、満州国になだれ込んできた。

ここにおいて、もはやポツダム宣言を受け入れるしかすべのないことを、日本の首脳たちは思い知らされた。

長崎に原爆が落とされた八月九日、首相、外相、陸相、海相、参謀総長、軍令部総長が集まって最高戦争指導会議が開かれた。東郷外相は、天皇制の存続のみを条件にした、ポツダム宣言の受諾を主張した。首相と海相はこれに同意したが、陸相と参謀総長、軍令部総長は、武装解除や占領範囲などの条件をつけたうえでの、宣言受け入れを強くとなえた。こうして軍部の反対によって、議論は暗礁に乗り上げた。

その日の深夜、今度は昭和天皇と**平沼騏一郎**枢密院議長が出席して会議が再開された。東郷外相は、再び同じ主張を繰り返し、やはり同じ人間がこれに異をとなえた。だが、平沼は、外相の意見に賛成し、最終決断は天皇に仰ぐべきだといった。これに一同が賛成、ここにおいて最終決断は、昭和天皇に託された。

天皇は、「これまで軍部は勝利の自信ありといってきたが、計画と実行が一致しない。いまや新設師団が創設されても兵に渡すべき武器もない。これで機械力を誇る米英軍に勝てる見込みはない」といい、「私の股肱《ここう》たる軍人から武器を取り上げ、部下を戦争責任者として引き渡すことは忍びないが、自分は外相の意見を採択する」と述べたのである。

八月十日、午前二時過ぎのことであった。

同日午前九時、日本は中立国のスイスとスウェーデンにポツダム宣言受諾の意志を伝える打電をおこなった。翌十一日正午、中立国から打電をうけたアメリカ政府は、その対日回答返書をスイスに打電した。同時に、その内容をアメリカ政府は、ラジオで国民に発表した。

日本は、アメリカの回答を知ってがく然とした。天皇制維持の保障がそこに含まれていなかったからだ。政治形態は、日本国民の自由意志によって決めるものだとされたのである。

そこで、八月十三日午前九時より再び最高戦争指導会議が開かれた。

軍部や平沼枢密院議長は、天皇制の保障がないなかでの降伏に反対し、議論はまったく収拾がつかなくなってしまった。そこで十四日午前十時五十分、再度天皇の聖断を仰ぐことになった。

天皇は、「日本が消滅するより、日本民族の種子が残りさえすれば復興できる。自分はいかになろうとも、万民の命を救いたい。自分はいつでもマイクの前に立ち、国民に呼びかけるつもりである。きっと国民の動揺も大きいだろう。だが、どうか私の気持ちをよく理解し、よく治まるようにしてもらいたい」、そう告げたのである。

同日午後十一時、閣僚全員が終戦の詔勅にサインをし、スイスに向け、ポツダム宣言受諾の詔書を発したことを打電した。

かくして、三年半以上におよんだ激しい戦い（太平洋戦争）はここに終わったのである。この戦争で命を落とした日本人（民間人を含む）は、二百五十万人以上（日中戦争期を含むと三百万人以上）にのぼった。これまで日本人が経験したことのない甚大な人的損耗であった。

▼戦後の昭和天皇とマッカーサー

アメリカ国民やイギリス政府などは、戦後天皇制は廃止されるべきものと考えていたし、昭和天皇に戦争責任を問う声も当初は非常に強かった。

けれども、連合国軍の最高司令官**マッカーサー**は、天皇制は存続させるべきであり、昭和天皇の戦争責任も問うべきでないと考えた。彼は、たいへんな知日派であり、若い頃日本に数カ月間滞在し、そのさい乃木希典に会って大きな感銘をうけ、以来、日本について深く研究していた。だから、日本人にとって天皇という存在がいかに大きいものかを熟知していた。

昭和二十一年（一九四六）一月、マッカーサーはアメリカ陸軍省に「もし天皇を裁判にかけるようなことがあれば、日本人に大きな動揺を与え、なおかつ、処刑するような事態になれば、日本人のアメリカに対する憎悪は、何世紀にもわたって続き、ゲリラ戦など執拗な抵抗運動を招き、やがては、いまの日本政府は倒れ、強固な共産主義政権が出来上がるだろう。GHQ（連合国最高司令官総司令部）も占領政策をおこなうどころではなくなり、いまの状態を維持しようとするなら、数十万人の人材をアメリカから日本に派遣しなくてはいけなくなる」

そう内情を告げ、天皇制の存続を強く訴えた。

このマッカーサーの意見に動かされて、アメリカ政府は天皇制の存続を容認したといわれている。

マッカーサーが天皇制を擁護したのは、天皇をうまく占領政策に利用しようという狙いがあったからである。が、それだけではなかった。じつは、昭和天皇の人柄に惚れたという面が、かなり大きいといわれている。

昭和二十年（一九四五）九月二十七日、昭和天皇は非公式にマッカーサーのもとを訪れ、会談をおこなった。

マッカーサーは、昭和天皇が戦争責任者としての起訴を免れるため、自己擁護をするのではないかと密かに思っていた。ところが天皇は、「私は、国民が戦争するにさいしておこなった全ての決定と行動に対する全責任を負う者として、あなたに会いに来ました」、そう告げたのである。

　これを聞いて魂が震えたと、マッカーサーは後に回想している。その後、マッカーサーは、親しく昭和天皇と接するうちに、これほど純粋で誠実な人間を見たことがないと傾倒していったと伝えられる。

　ただし、そんな彼であっても、天皇という存在が、日本の政治に力を持つことは決して許さなかった。

　マッカーサーは、**幣原喜重郎**《しではらきじゅうろう》内閣に憲法改正を要求していたが、内閣の草案が天皇の政治的権限を残す内容だと知ると、同案を拒絶してＧＨＱのスタッフに草案を作成させ、難色を示す幣原に受け入れさせた。そこには、天皇は日本国と日本国民統合の象徴とあるものの、政治的権限は完全に削除されていた。この日本国憲法が、マッカーサーにとって占領政策の総仕上げといえた。
　だが、昭和二十三年（一九四八）になると、対日占領政策は大きく変化する。米ソ冷戦の激化で、アメリカ政府は、日本を自由主義諸国の防波堤にしようと考え、速やかに経済を復興させて経済大国とし、再軍備をさせようとしたのである。マッカーサーも方針の転換を了解したが、日本の再軍備については、最後まで難色を示したという。

昭和二十五年（一九五〇）、朝鮮戦争が勃発すると、マッカーサーは国連軍最高司令官に任命されるが、戦略の相違からトルーマン大統領と激しく対立、翌年四月、すべての役職を解任され、日本を去った。離日にさいして彼は「老兵は死なず。ただ消え去るのみ」という含蓄ある名言を残した。昭和三十九年（一九六四）、八十四歳でマッカーサーはその生涯を閉じた。

▼昭和天皇の人間宣言と地方巡幸、そして死

昭和二十一年（一九四六）一月一日に出された詔書を俗に**天皇の人間宣言**と称する。

というのは、「朕ハ爾《なんじら》等国民ト共ニ在リ、常ニ利害ヲ同ジウシ休戚《きゆうせき》ヲ分タント欲ス。朕ト爾等国民トノ間ノ紐帯《ちゆうたい》ハ、終始相互ノ信頼ト敬愛トニ依《よ》リテ結バレ、単ナル神話ト伝説トニ依リテ生ゼルモノニ非ズ。天皇ヲ以テ現御神《あきつみかみ》トシ、且《かつ》日本国民ヲ以テ他ノ民族ニ優越セル民族ニシテ、延《ひい》テ世界ヲ支配スベキ運命ヲ有ストノ架空ナル観念ニ基クモノニモ非ズ」というように、天皇自身の神格化を明確に詔書で否定したからである。

この頃、連合国の間では昭和天皇の戦争責任を問う声が強くなっていた。時の幣原喜重郎首相はこうした事態を憂慮したが、別項で述べたように、天皇制の存続を希望したマッカーサー

が、幣原首相に天皇の神格化の否定を示唆したと伝えられる。

そこで幣原は、昭和天皇の同意を得て、天皇の存在が民主主義国家と矛盾しないことを連合国に示すため、自身で詔書を起草したのである。そんなことからこの詔書は、連合国向けに、はじめ英文で書かれ、そのあと日本語に訳された。

その内容は、五箇条の誓文をあたらめて国民に提示して明治政府樹立の原点に立ち返り、「旧来ノ陋習《ろうしゅう》ヲ去リ、民意ヲ暢達《ちょうたつ》シ、官民挙ゲテ平和主義ニ徹シ、教養豊カニ文化ヲ築キ、以テ民生ノ向上ヲ図リ、新日本ヲ建設スベシ」と平和的文化国家の建設を目標にかかげ、天皇の神格化を明確に否定したものになっている。

マッカーサーはこれを「天皇が日本国民の民主化に指導的役割を果たさんとしている」と評価したという。

終戦からわずか半年後の昭和二十一年（一九四六）二月十九日、昭和天皇は神奈川県川崎市の昭和電工川崎工場へ巡幸した。これが昭和天皇の**地方巡幸**のスタートであった。この巡幸に関しては、幣原首相をはじめ主要閣僚は反対した。ちょうど東京裁判をひかえており、天皇は皇居で静かにしていたほうがいいという思いがあり、なおかつ、連合国から旧天皇制の復活を企図していると疑われる心配があったからだ。

それでも昭和天皇は、反対を押し切って巡幸した。以後八年の間に、昭和天皇はアメリカに直接統治されていた沖縄を除き、すべての都道府県を巡幸した。その距離なんと三万三千キロ。驚くべき大事業だといえる。

最初に天皇が昭和電工川崎工場へ出向いたのは、空襲で機械類を破壊された同工場が、従業員の必死の努力で復旧し、前年末から化学肥料を出荷しはじめたからである。それがマスコミで明るい話題として報道されたため、最初の訪問地として選んだのだという。

川崎工場に着いた天皇は、予定ルートからはずれ、気軽に従業員たちに声をかけていった。「生活は苦しくないですか」などとねぎらいの言葉をかけ、相手が質問に答えると「あ、そう」と甲高い声で応じた。それ以後、昭和天皇の「あ、そう」は非常に有名になる。

昭和二十二年（一九四七）には六月に近畿地方、八月に東北地方、十月に甲信越地方、十一月に中国地方と、ほとんど休む間もなく昭和天皇は地方巡幸を続けていった。

だが、ＧＨＱの民政局が天皇制を復活させるものだと警戒、それがために**芦田均**《あしだひとし》首相は松《まつ》平慶民《だいらよしたみ》宮内府長官や大金益次郎《おおがねますじろう》侍従長などを更迭、天皇の地方巡幸を中断させたのである。

が、昭和二十四年（一九四九）になると、巡幸は再開される。反対する吉田茂首相を飛び越して、昭和天皇がマッカーサーに直接交渉し、その了解を得たからである。

なお、地方巡幸に反対した**吉田茂**だったが、その吉田ものちに次のように回想している。

「天皇は国民と親しく接するために、日本国内の各所を回られ、生活の建て直しに努力する一般国民を励まされた。そして、グレーの帽子を上げて国民の歓呼にこたえながら、各地を視察された英雄気どりのない静かな天皇の態度は、皇室のイメージを変えるとともに、皇室とそれが象徴する日本への静かな愛着の心を国民の間に生み出したのであった」（吉田茂著『激動の百年史―わが決断と奇跡の転換』白川書院）

昭和六十四年（一九八九）一月七日午前六時三十三分、昭和天皇は十二指腸の腺癌のため、皇居吹上御所において八十七歳の生涯を閉じた。これより二年前の昭和六十二年九月、昭和天皇は体調不良を訴え、開腹手術をおこない、一時は快復したが、翌年夏より再び入院、九月に大量吐血し、それから百十一日間、病と闘い抜き、同日崩御した。

昭和天皇はまさに激動の時代を生きた天皇であった。明治三十四年（一九〇一）四月二十九日、大正天皇の第一皇子として誕生した天皇は、大正十年（一九二一）に摂政となって、病を発した父親にかわり、天皇のつとめを果たし、同十五年（一九二六）十二月、大正天皇の崩御によって即位した。このときわずか二十五歳であった。太平洋戦争では、連合国に宣戦布告したものの、戦況の悪化により終戦を決意、戦後も退位せず、新憲法のもとで国政に参画できなくなったものの、国民統合の象徴として、そのままの地位にとどまった。在位は六十二年におよび、歴代天皇（神話時代の天皇をのぞく）で最長であり、なおかつ歴代天皇のなかで最も長寿だった。

この日、**竹下登**内閣は、昭和天皇崩御と皇太子明仁《あきひと》親王の皇位継承とを内閣告示し、さらに政令で新元号を「**平成**」と改め、一月八日から施行すると公示した。

平成という元号に関しては、『史記』（中国の古典）の五帝本紀にある「内平外成」と『書経』の大禹謨にある「地平天成」という言葉より引用したもので、「国の内外にも天地にも平和が達成される」という意味が込められているとされ、政府は新時代の元号に最もふさわしいという談話を発表した。

4 今上天皇

今上《きんじょう》天皇は、昭和八年（一九三三）十二月二十三日に昭和天皇の第一皇子として生まれた。戦後はアメリカの児童文学者でもあった「ヴァイニング夫人」が家庭教師となり、その影響を大きく受けたとされる。

日本が独立した昭和二十七年（一九五二）に皇太子となった。時に十八歳であった。

翌年から半年間、ヨーロッパ諸国やアメリカを歴訪、イギリスのエリザベス女王の戴冠式へ昭和天皇の名代として参列している。

テニスが趣味の一つだったが、昭和三十二年（一九五七）に軽井沢のテニストーナメントで

正田美智子と出会い、恋に発展した。一般女性ということで、皇族は結婚に大いに反対したが、翌年、昭和天皇の尽力もあって皇室会議で結婚が認められた。

翌昭和三十四年（一九五九）四月、結婚の儀が執りおこなわれ、民間人で皇太子妃となった正田美智子は国民に大人気となり、**「ミッチー・ブーム」**がおこった。成婚のパレードはまことに盛況であった。二人は二男一女にめぐまれた。

昭和天皇が昭和六十四年（一九八九）一月七日に崩御、これを受けて皇位継承の儀式を執行した。五十五歳での即位であった。平成二年（一九九〇）十一月に即位の礼が執りおこなわれた。そしていまに至るのである。

近年、皇位継承問題が大きく取り上げられるようになった。

『皇室典範』では、皇統に属する男系の男子にしか皇位継承を認めていない。平成十八年（二〇〇六）に**悠仁親王**《ひさひと》が誕生したものの、皇位継承資格者は不足している。この状況を解消するため、『皇室典範』を改正して女系天皇を容認すべきだという声も高まっている。また、男性皇族に限られている宮家の創設を女性にも許すべきだという意見も出てきた。

もちろん、昔ながらの伝統を重視し、これに反対する論も多い。

では、歴史的に見て、どうなのか。

いままで見てきたように、天皇の座については、政治家はその血筋についてかなり柔軟な思想をもっていた。継体天皇の例は別としても、天武系統の皇統が途絶えたら、天智天皇系を即位させるなど、遠い親戚であっても、状況に応じて即位させている。

そうした歴史を踏まえて考えてもよいかもしれない。

実際、太平洋戦争後に多くの皇族が皇籍から離脱したことが、今日の皇位継承者減少の要因の一つになっている。ゆえに、そうした皇籍離脱者の子孫まで皇位継承の範囲を広げる。それは歴史的にいえば問題はないことなのである。

天皇家の系図と略年表

★イザナギ、イザナミの兄妹は、豊葦原瑞穂国（日本列島）を誕生させ、その後、アマテラス、ツクヨミ、スサノオなどの神々を産んでいった。出雲の国に降臨したスサノオは、ヤマタノオロチを退治。その子孫オオクニヌシが他の神々と協力して、地上界を支配した。しかし、天上界のアマテラスは、自分の子孫である（ヒノホ）ニニギに三種の神器を与えて、日向に降臨させた。これを知ったオオクニヌシは、ヒノホニニギに国を譲ることを決意。以後、ヒノホニニギ（瓊瓊杵尊）がこの国を支配するようになった。

古代の天皇（その❶）

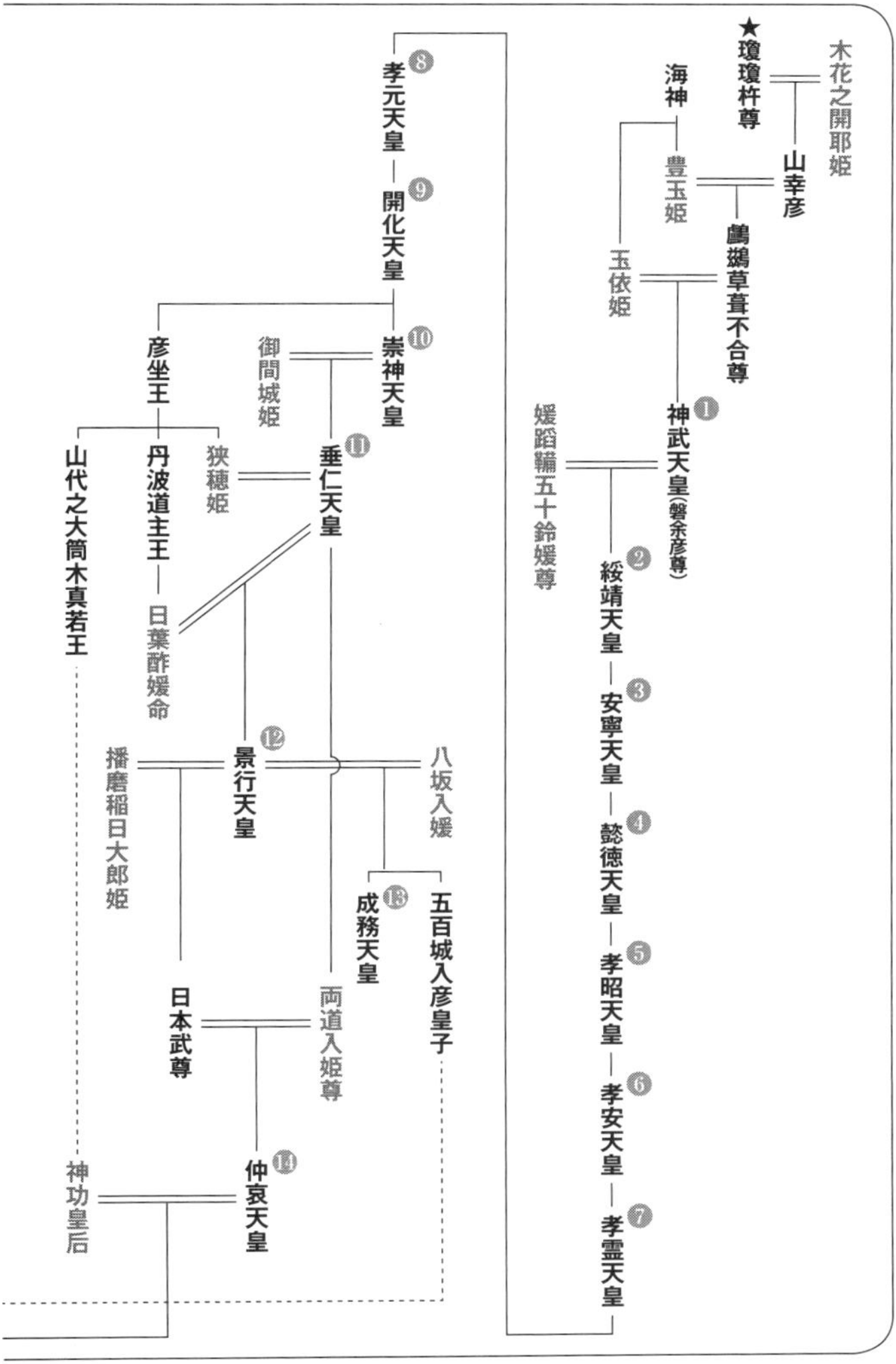

注釈 ⓪⓪…皇統譜による天皇の即位順／**黒色太文字**…天皇家男性／灰色太文字…女性

古代の天皇（その❷）

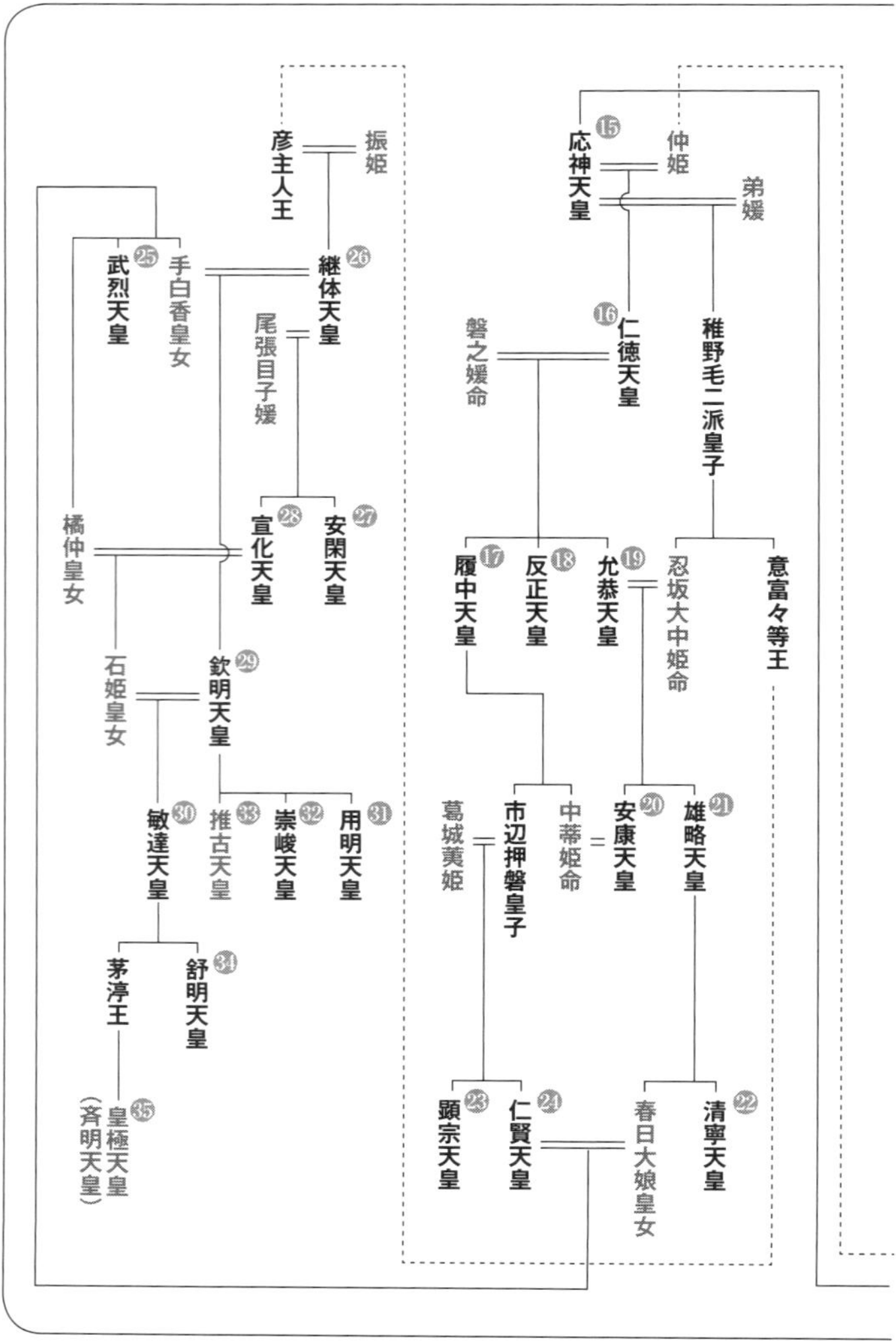

注釈 00…皇統譜による天皇の即位順／×…政争で落命した人
灰色文字…女性

皇室・蘇我氏の関係

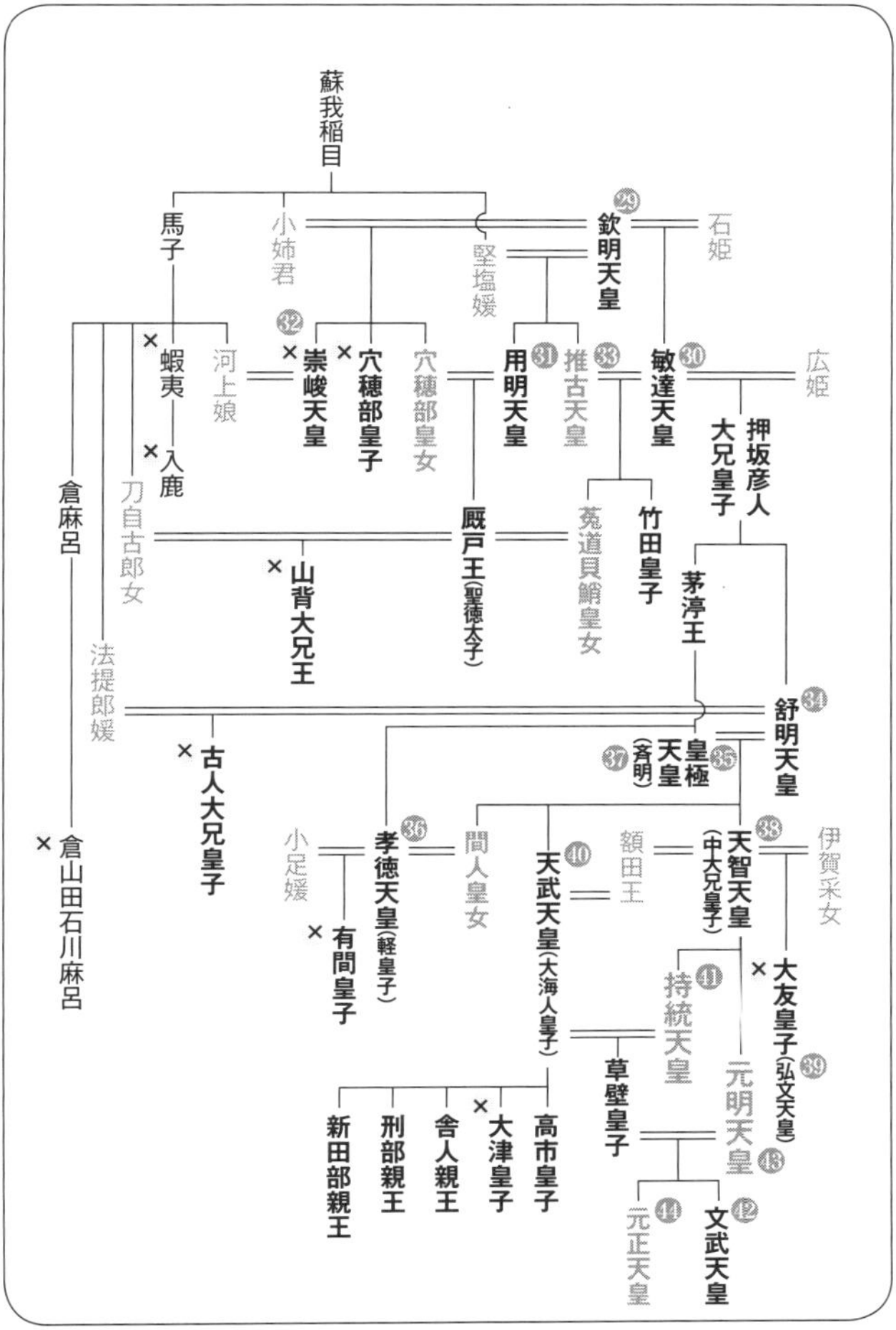

注釈 00…皇統譜による天皇の即位順／×…政争で落命した人
灰色文字…女性

奈良時代／皇室・藤原氏の関係（その❶）

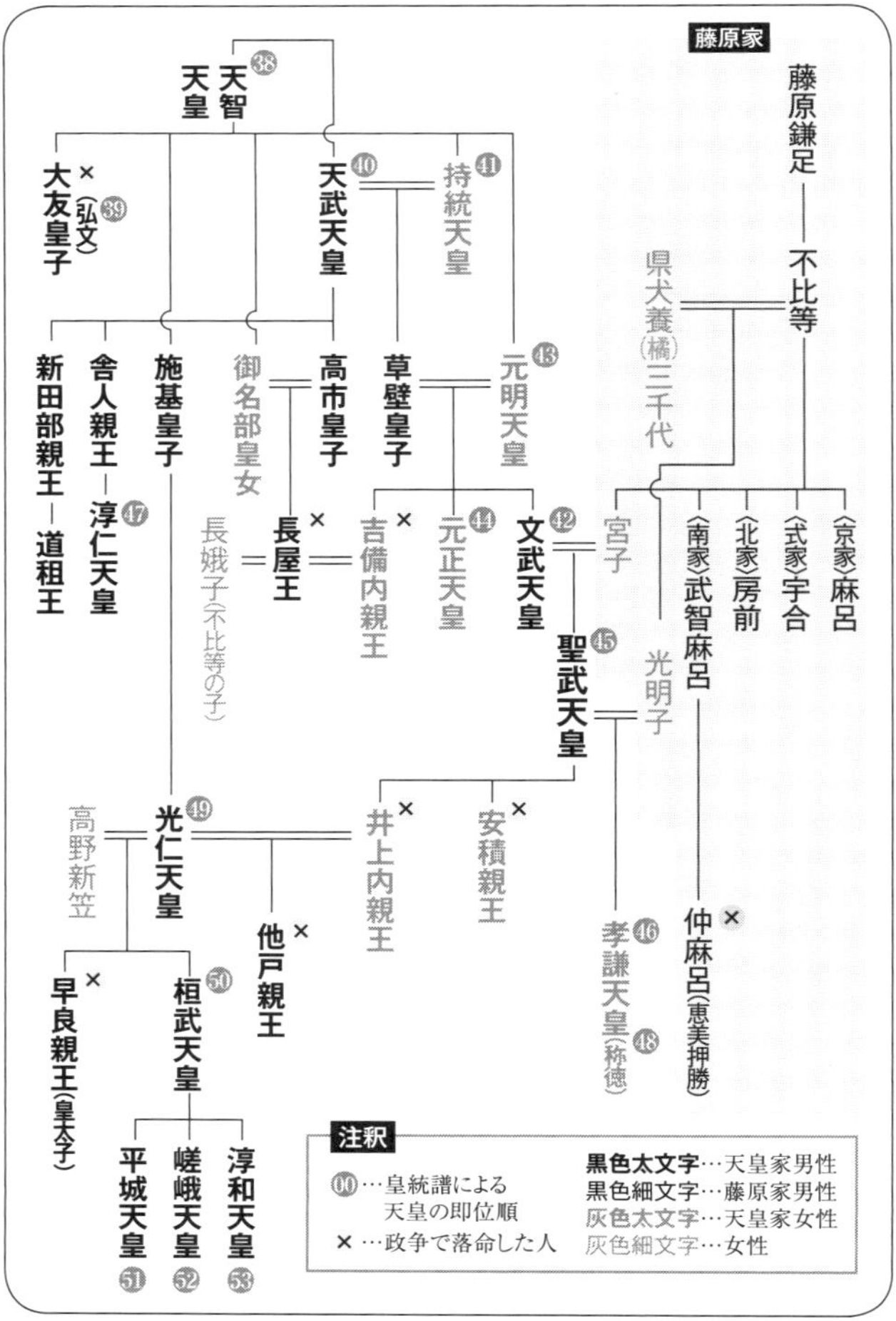

平安時代初期の天皇

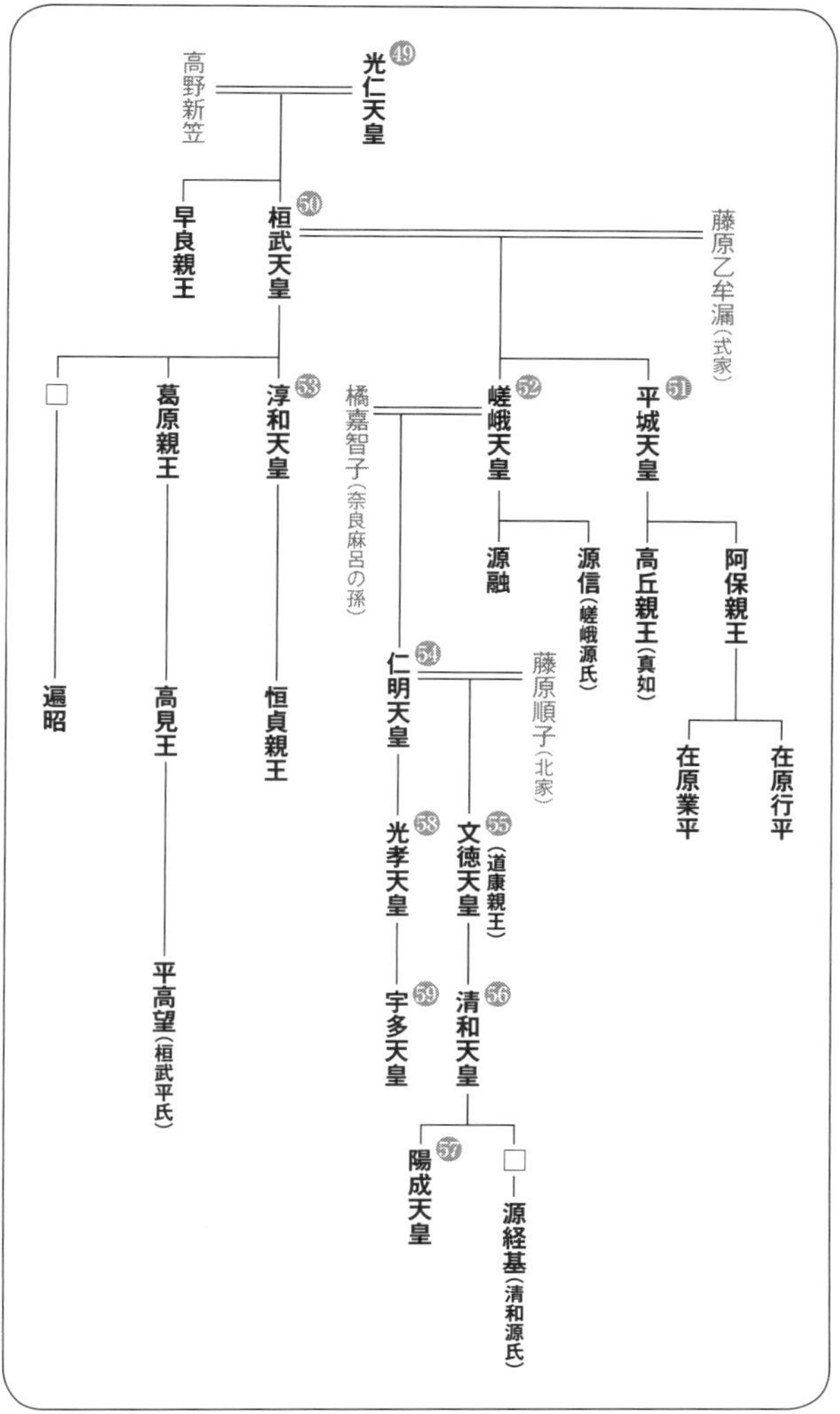

注釈 00…皇統譜による天皇の即位順／灰色文字…女性

平安時代中期／皇室・藤原氏の関係（その❷）

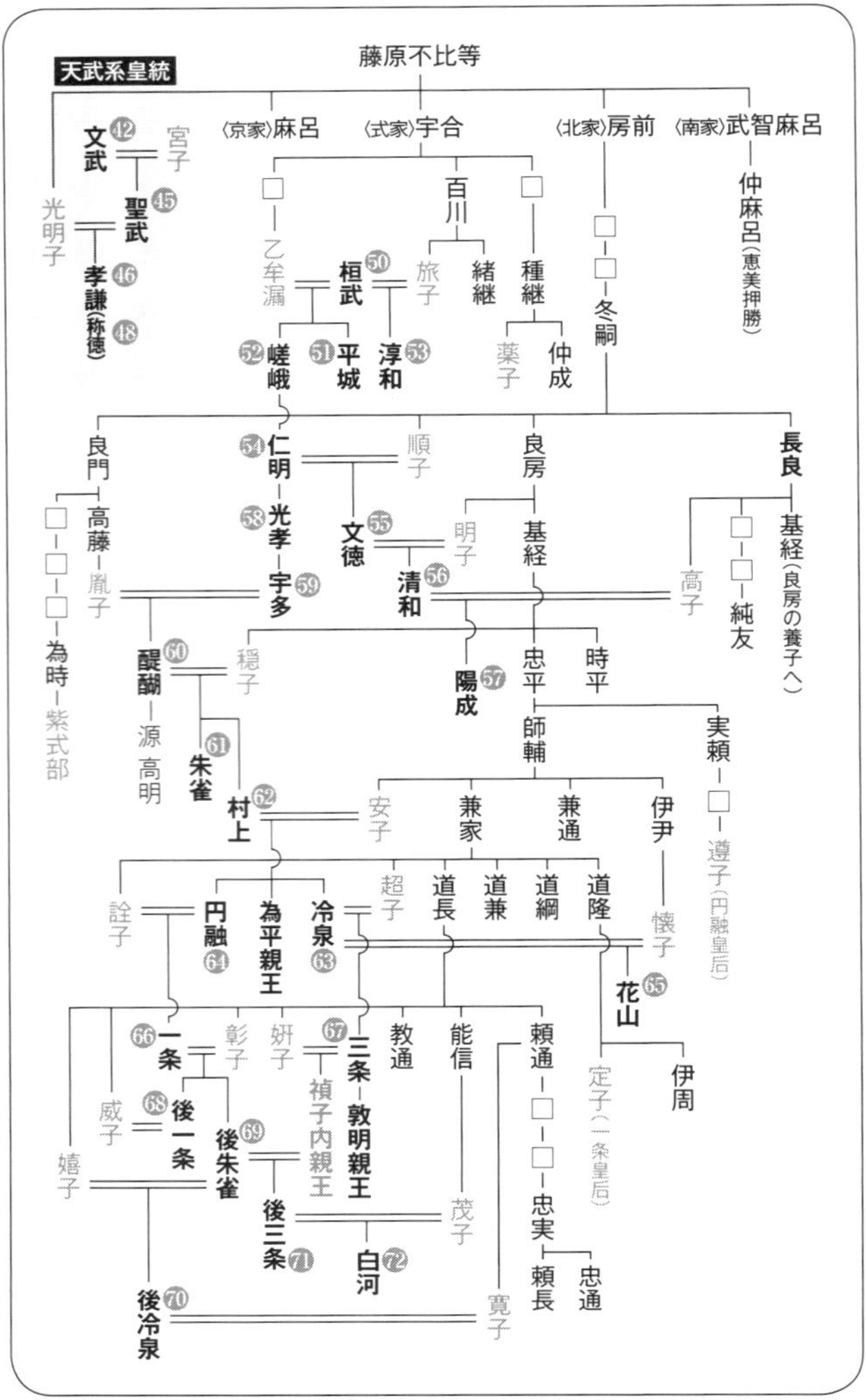

注釈 00…皇統譜による天皇の即位順／**黒色太文字**…天皇家男性
黒色細文字…藤原家男性／灰色太文字…天皇家女性／灰色文字…女性

平安時代後期の天皇

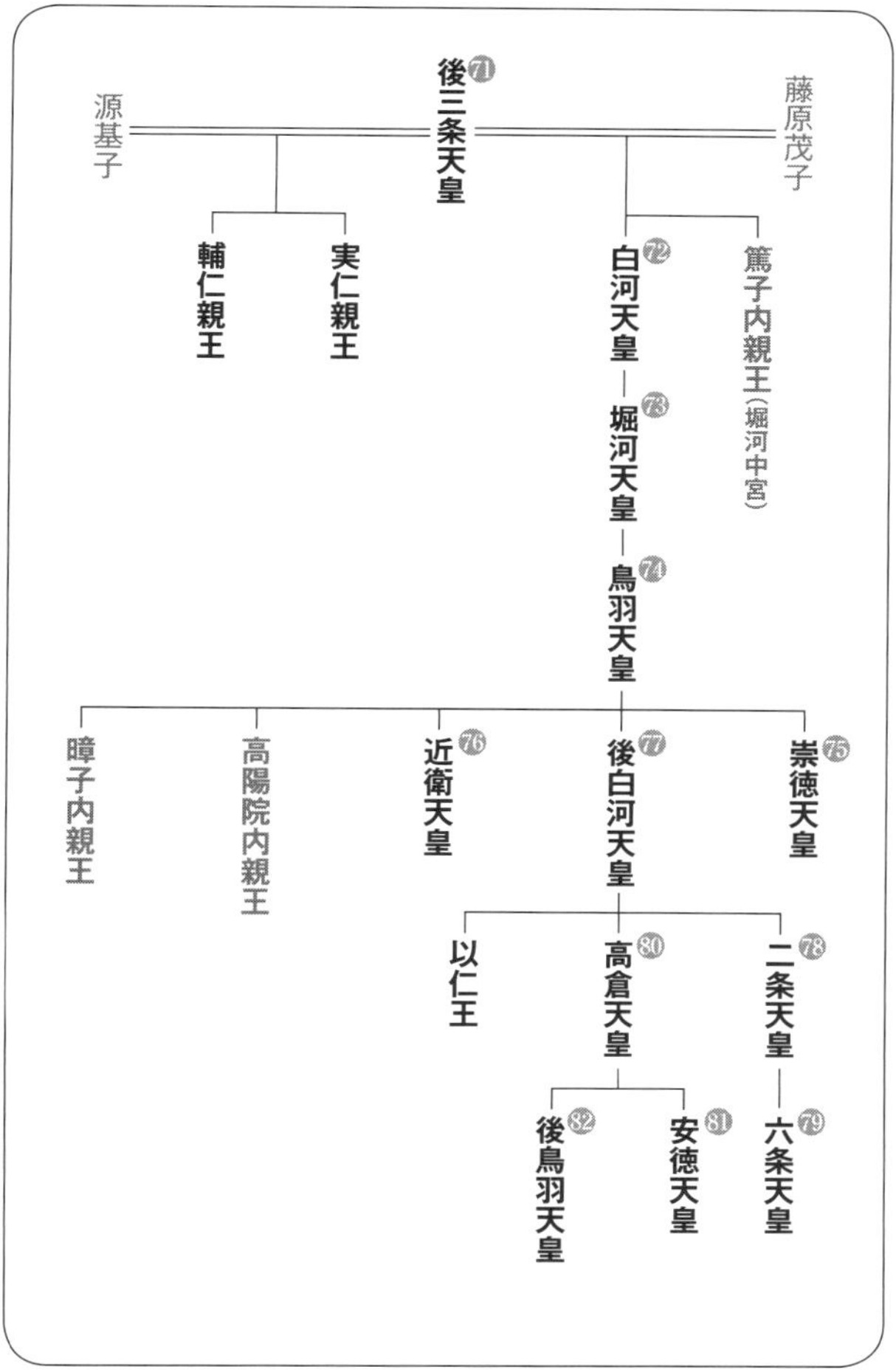

注釈 00…皇統譜による天皇の即位順／灰色文字…女性

皇室・藤原氏・源氏の関係系

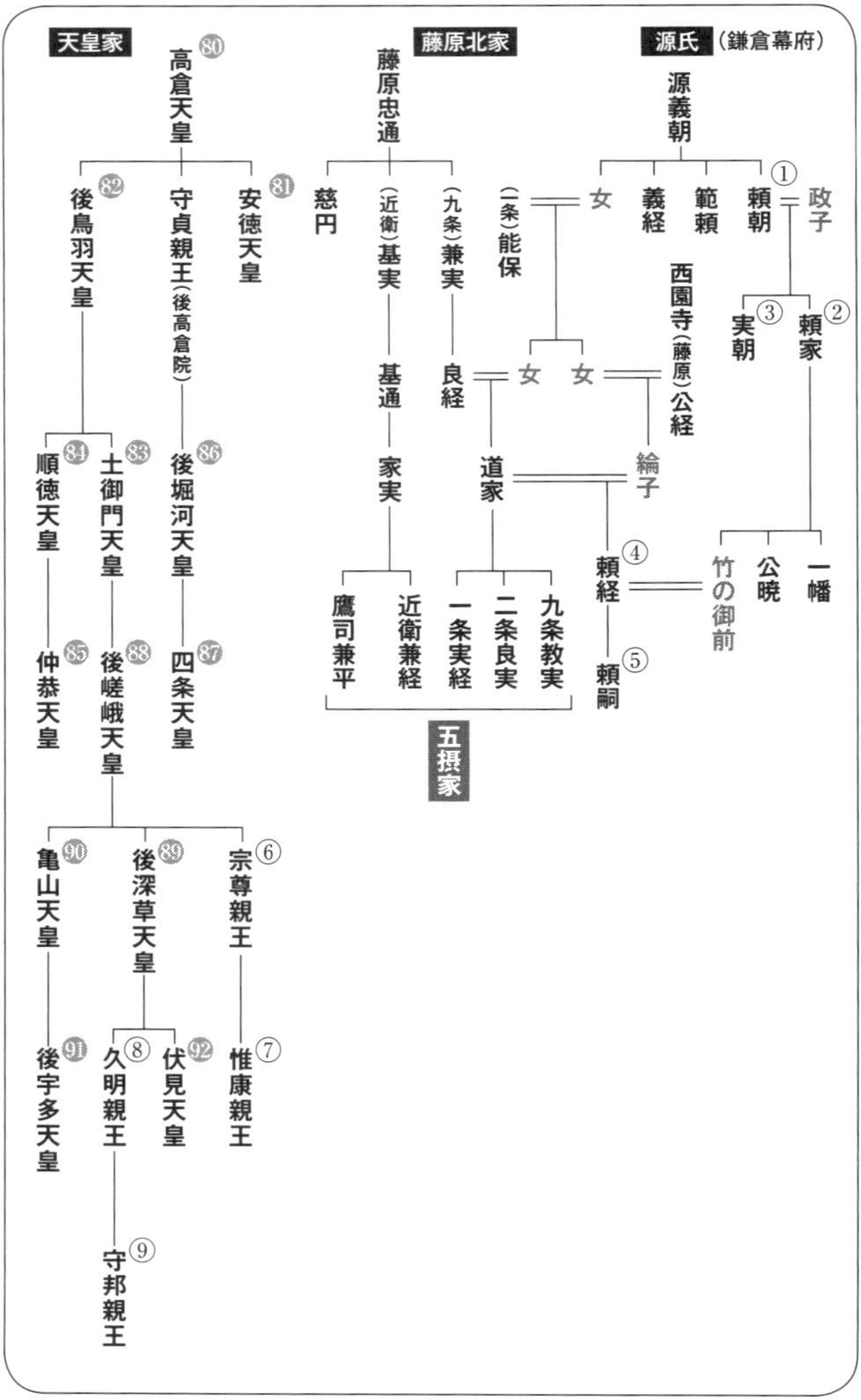

注釈 00…皇統譜による天皇の即位順／⓪⓪…鎌倉幕府の将軍（就任順）
灰色文字…女性

南北朝時代の天皇

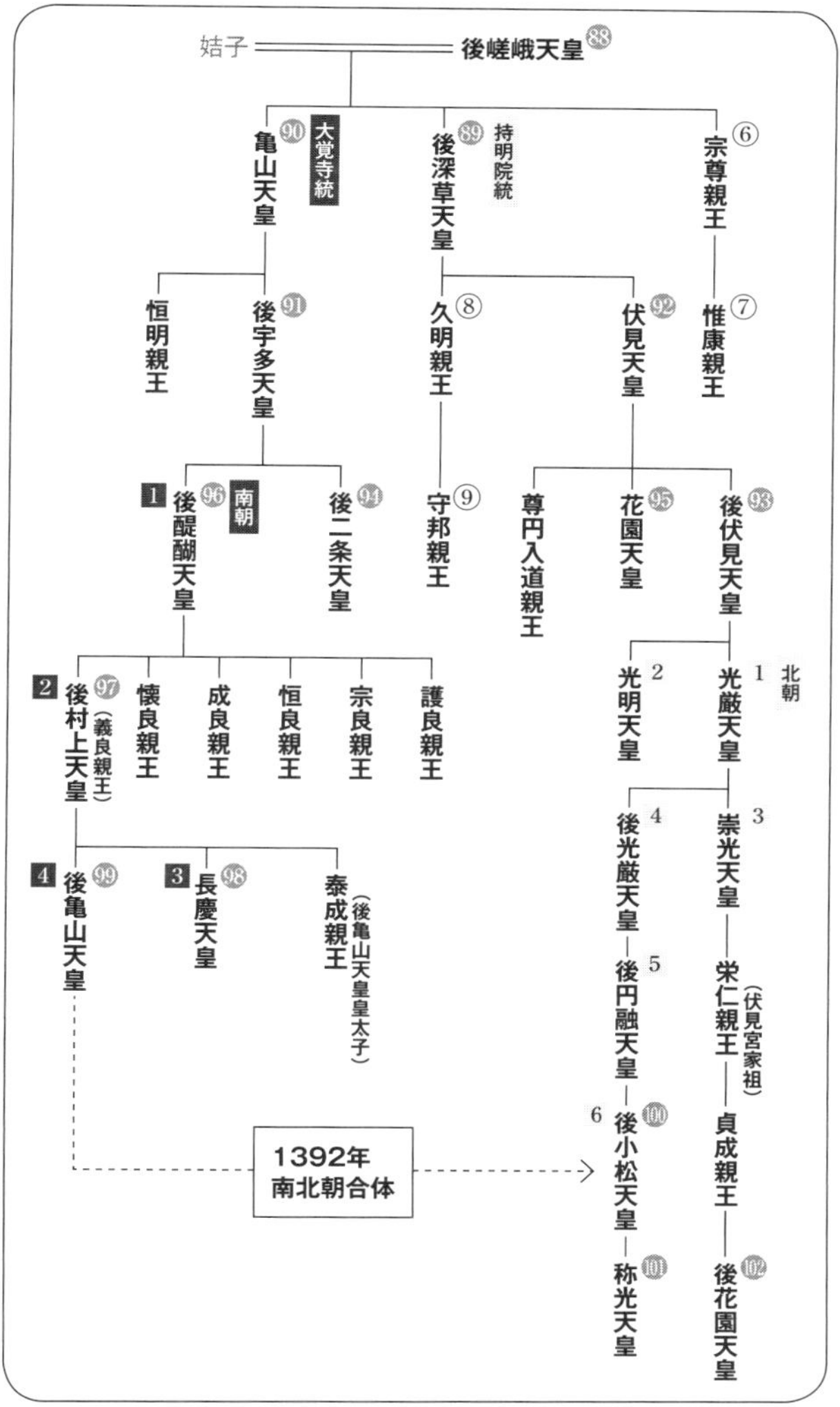

注釈 00…皇統譜による天皇の即位順／00…鎌倉幕府の将軍
00…南朝の天皇／00…北朝の天皇／灰色文字…女性

室町時代〜戦国時代の天皇

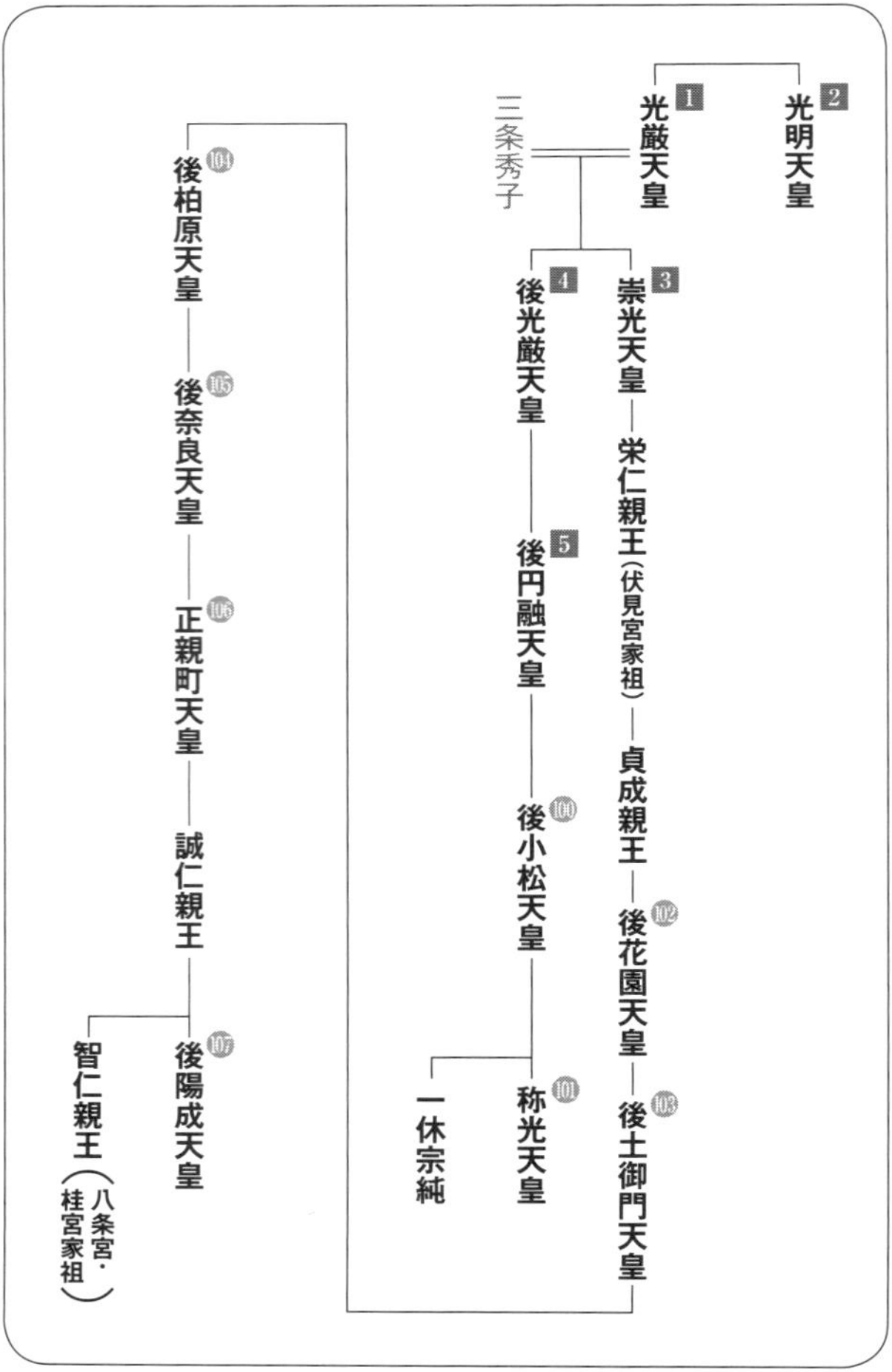

注釈 ⓪⓪…皇統譜による天皇の即位順／0…北朝の天皇
灰色文字…女性

江戸時代の天皇

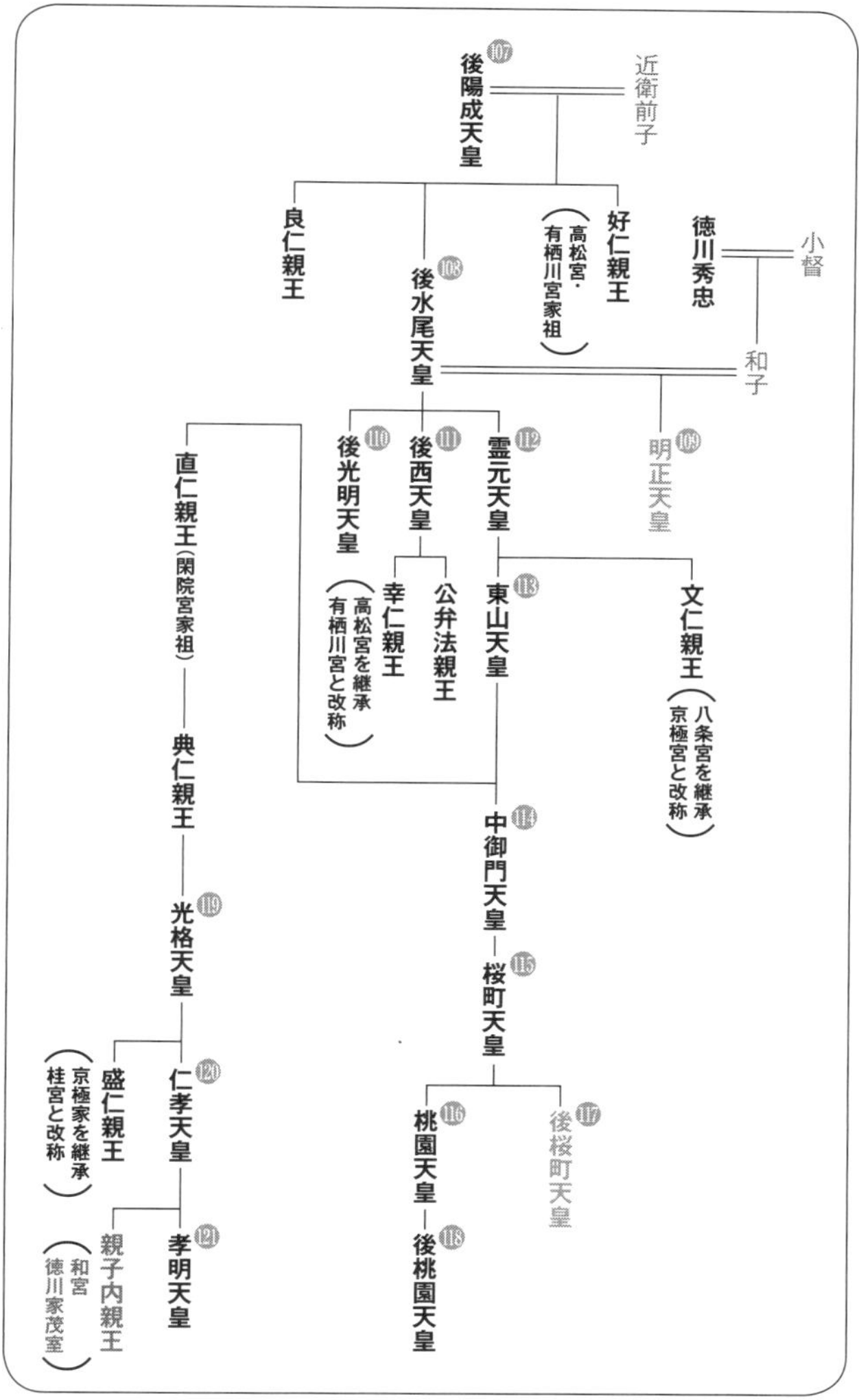

注釈 ⑩…皇統譜による天皇の即位順／灰色太文字…女帝、女性

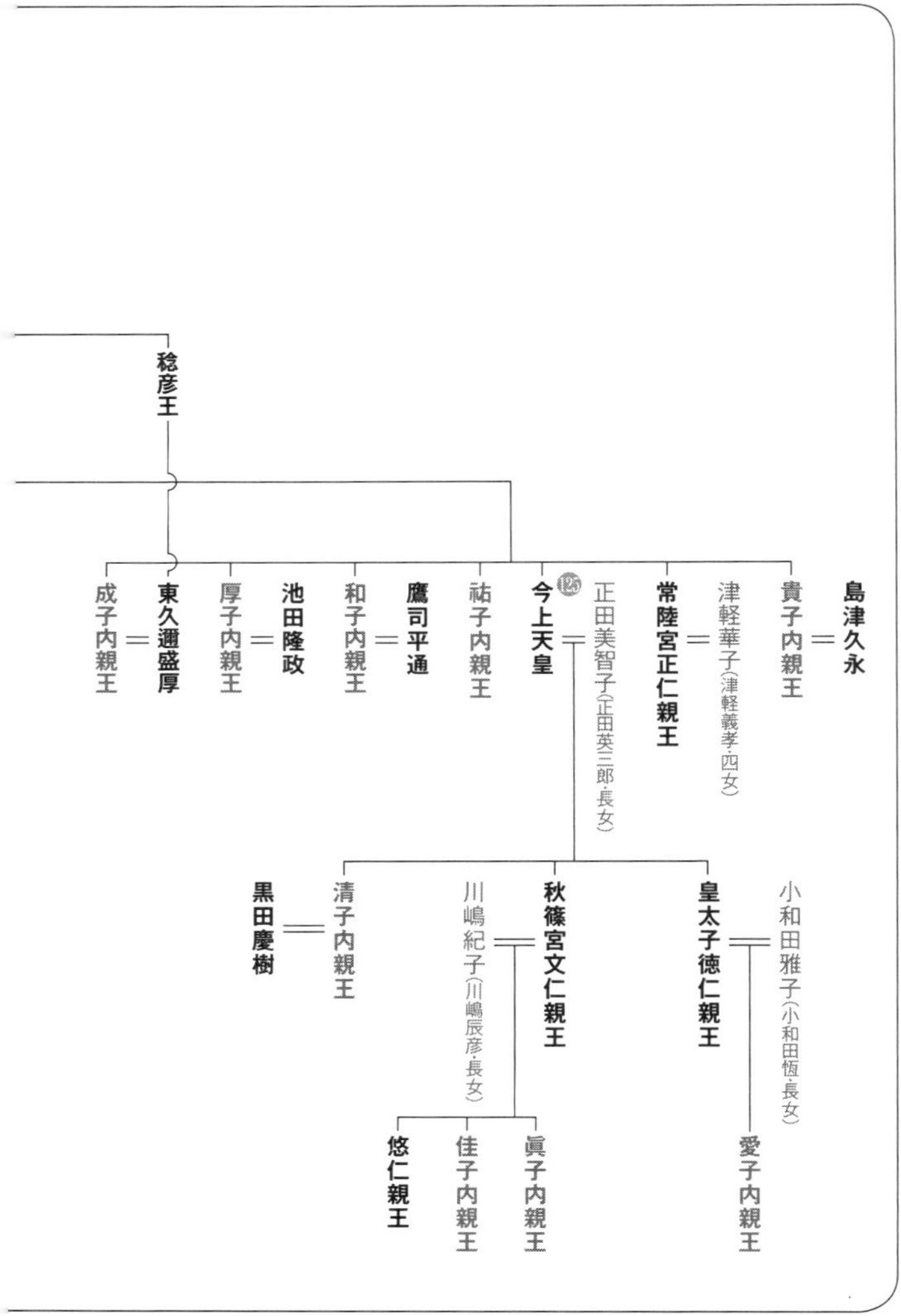

注釈 00…皇統譜による天皇の即位順／3…北朝の天皇
灰色文字…女性

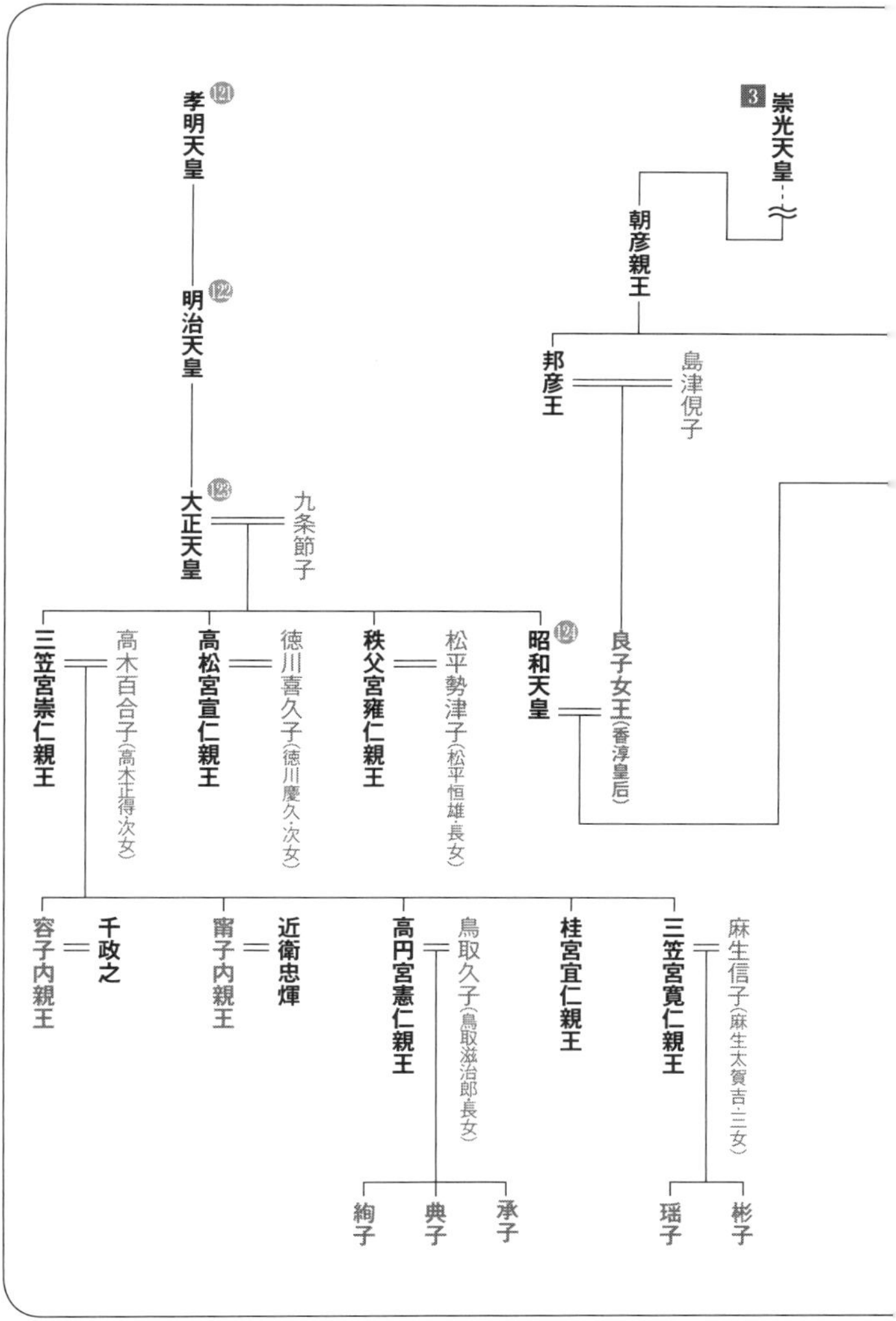
3 崇光天皇
朝彦親王
邦彦王
島津俔子
121 孝明天皇
122 明治天皇
123 大正天皇
九条節子
124 昭和天皇
良子女王（香淳皇后）
秩父宮雍仁親王
松平勢津子（松平恒雄・長女）
高松宮宣仁親王
徳川喜久子（徳川慶久・次女）
三笠宮崇仁親王
高木百合子（高木正得次女）
三笠宮寬仁親王
麻生信子（麻生太賀吉・三女）
桂宮宜仁親王
高円宮憲仁親王
鳥取久子（鳥取滋治郎・長女）
近衛忠煇
甯子内親王
千政之
容子内親王
彬子
瑶子
承子
典子
絢子

時代	天皇	年代	出来事
弥生時代	神話時代	BC500頃	弥生文化成立 ・環濠集落の出現　・丘陵の周囲に大きな環濠や墳丘墓を造成
		BC100	前1世紀頃、100余国に分立
		AD57	倭の奴国王、後漢に遣使。光武帝より「漢委奴国王」の印綬を賜る
		107	倭国王帥升《すいしょう》ら、生口（奴隷）160人を後漢の安帝に献上
		147～189	倭国大乱
		239	邪馬台国女王卑弥呼、魏に遣使。 「親魏倭王」の称号と金印紫綬と銅鏡100枚などを賜る
		247	この頃、卑弥呼死す
		266	倭の女王（壱与《いよ》か?）、晋に遣使 ・前方後円墳の出現
		369	大和政権の国土統一が進む 倭国、朝鮮半島に出兵し、加耶《かや》諸国（半島南部）を勢力下に置く
		372	百済王、七支刀《しちしとう》を倭王に贈る
		391	倭軍（神功皇后軍）、百済・新羅を破る
	（讃）	421	倭王讃、宋に遣使
	（珍）	438	倭王珍、宋に遣使。「安東《あんとう》将軍　倭国王」となる

時代	天皇	年	出来事
古墳時代・ヤマト政権時代	（済）允恭	443	倭王済、宋に遣使。「安東《あんとう》将軍　倭国王」となる
	（興）安康	462	倭王興、宋に遣使。「安東《あんとう》将軍　倭国王」となる
	（武）雄略	478	倭王武、宋に遣使。「安東大将軍倭国王」となる
		502	武、「征東将軍」となる
	継体	512	大伴金村、百済に加耶《かや》西部（任那4県）の支配を認める
		527	筑紫国造磐井の乱
	欽明	538	仏教公伝
		552	蘇我稲目（崇仏派）と物部尾輿（排仏派）の対立。崇仏論争
		562	百済・新羅により加耶諸国滅亡（これによりヤマト政権の朝鮮半島での勢力は後退）
	敏達・用明	587	蘇我馬子・泊瀬部皇子（崇峻天皇）・厩戸王（聖徳太子）ら、物部守屋を討つ。物部氏滅亡
	崇峻	589	隋、中国統一
		592	馬子、東漢直駒に崇峻天皇を殺害させる
飛鳥時代	推古	593	厩戸王（聖徳太子）、政務に参加。大臣は蘇我馬子
		603	冠位十二階を制定
		604	憲法十七条を制定
		607	小野妹子を隋に派遣

飛鳥時代

	608	隋使裴《はい》世《せい》清《せい》来日。小野妹子を再び随に派遣
	618	隋滅亡、唐建国
舒明	630	犬上御《いぬがみのみ》田《た》鍬《すき》を唐に派遣(第1回遣唐使)
皇極	643	蘇我入鹿、山背大兄王を襲い自害させる
	645	乙巳の変(中大兄皇子ら蘇我蝦夷・入鹿親子を滅ぼす)、年号を大化と定め、難波宮に遷都
孝徳	646	改新の詔
斉明(皇極重祚)	655	飛鳥へ遷都
	658	阿倍比羅夫を東北に派遣
中大兄称制	663	白村江の戦い
	667	近江大津宮へ遷都
天智	668	唐、高句麗を滅ぼす
	670	庚午年籍を作成(最初の戸籍)
	671	天智天皇死去
	672	壬申の乱、飛鳥浄御原宮へ遷都
天武	673	大海人皇子が即位
	681	飛鳥浄御原令の編纂を開始

略年表

時代	天皇	年	出来事
飛鳥時代			国史の編纂を開始
飛鳥時代		683	銅銭（富本銭）の使用を命ずる
飛鳥時代		684	八色の姓を制定
飛鳥時代	持統（初めは称制）	686	大津皇子、謀反の罪で自殺
飛鳥時代	持統（初めは称制）	689	飛鳥浄御原令を施行
飛鳥時代	持統（初めは称制）	690	庚寅年籍を作成
飛鳥時代	持統（初めは称制）	692	最初の班田を実施
飛鳥時代	持統（初めは称制）	694	藤原京へ遷都
飛鳥時代	文武	701	大宝律令の完成
飛鳥時代	元明	708	和同開珎の鋳造、平城京造営の詔
奈良時代	元明	710	平城京へ遷都
奈良時代	元正	718	藤原不比等らにより、養老律令が完成
奈良時代	元正	722	百万町歩の開墾計画
奈良時代	元正	723	三世一身法
奈良時代	聖武	729	長屋王の変、光明子が皇后となる
奈良時代	聖武	737	藤原四子死去
奈良時代	聖武	740	九州にて藤原広嗣の乱、恭仁京に遷都

時代	天皇	年	出来事
奈良時代		741	国分寺建立の詔
		743	墾田永年私財法、大仏建立の詔
	孝謙	752	大仏開眼供養
		753	鑑真来日
		757	養老律令を施行、橘奈良麻呂の変
	淳仁	764	恵美押勝の乱
	称徳（孝謙重祚）	765	道鏡、太政大臣禅師となる
		766	道鏡、法王となる
		769	宇佐八幡宮神託事件
	光仁	770	道鏡を下野薬師寺別当に左遷
		780	蝦夷郡司・伊治呰麻呂の乱
	桓武	784	長岡京へ遷都
		785	藤原種継暗殺。早良親王を廃太子
		789	征討軍、蝦夷の首長・阿弖流為に大敗
		794	平安京へ遷都
		802	坂上田村麻呂、胆沢城を築く。阿弖流為、降伏
		805	徳政論争

平安時代		
平城		
嵯峨	809	平城太上天皇、平城京へ移る（二所朝廷）
	810	藤原冬嗣、蔵人頭となる。薬子の変
	816頃	検非違使の設置
淳和		
仁明	842	承和の変（恒貞親王の廃太子、伴健岑・橘逸勢ら配流）
文徳	857	藤原良房、太政大臣に就任
清和	866	藤原良房、摂政となる（臣下で初）。応天門の変
陽成		
光孝	884	藤原基経、初めて関白に就任
宇多	887	阿衡の紛議
	891	宇多天皇の親政（寛平の治～897）、菅原道真の登用
	894	遣唐使を廃止
醍醐	897	醍醐天皇の親政（延喜の治～930）
	901	菅原道真を大宰権帥に左遷

平安時代

天皇	年	出来事
	902	延喜の荘園整理令
	907	唐が滅亡
朱雀	935~941	承平・天慶の乱
村上	949	村上天皇の親政（天暦の治~967）
冷泉	969	安和の変、源高明失脚
円融		
花山		
一条	996	藤原伊周左遷
三条		
後一条	1016	藤原道長、摂政となる
	1017	藤原頼通、摂政となる
	1027	藤原道長死去
	1028	平忠常の乱（~1031）
後朱雀		
後冷泉	1051	前九年の役（~1062）
	1067	藤原頼通、関白を辞任。翌年、後三条天皇即位
後三条	1069	延久の荘園整理令、記録荘園券契所（記録所）の設置

平安時代		
白河	1083	後三年の役（～1087）
堀河	1086	白河上皇、院政開始
鳥羽	1108	平正盛（伊勢平氏）、源義親の乱平定。北面の武士となり、西国の国司を歴任
崇徳	1129	白河法皇没。鳥羽上皇の院政開始
	1135	平忠盛、北面の武士となり西国の国司を歴任
近衛		
後白河	1156	鳥羽法皇没。保元の乱
二条	1158	後白河上皇、院政開始
六条	1167	平清盛、太政大臣となる
高倉	1172	清盛の娘・徳子、高倉天皇の中宮となる
	1177	鹿ケ谷の陰謀
	1179	清盛、後白河法皇を鳥羽殿に幽閉
安徳	1180	安徳天皇（清盛の孫）、3歳で即位。源頼政・以仁王挙兵、敗死。福原京へ遷都。源頼朝・源義仲挙兵。頼朝、鎌倉入り
	1181	清盛64歳で没
	1183	平氏都落ち。頼朝の東国支配権確立
	1184	頼朝、公文所・門注所を設置

鎌倉時代		
後鳥羽	1185	壇ノ浦の戦い、平氏滅亡。頼朝、守護・地頭の任命権獲得
	1189	頼朝、藤原泰衡を討ち、奥州を平定
	1192	頼朝、征夷大将軍となる。後白河法皇没
土御門	1199	頼朝没。将軍独裁をやめ、13人合議制に。後鳥羽上皇、院政開始
	1202	頼家が2代将軍となる
	1203	頼家、将軍を廃され、実朝が3代将軍となる。北条時政、執権（政所別当）就任
	1204	前将軍頼家、伊豆修禅寺で殺害
順徳	1213	執権・北条義時、侍所別当を兼ねる（執権は1205年より）
	1219	将軍・実朝、暗殺される（源氏の正統断絶）。藤原頼経が鎌倉殿4代目となる
仲恭	1221	承久の乱。その結果、仲恭天皇廃位。六波羅探題を設置
後堀河	1224	北条泰時、執権となる
	1226	藤原頼経、幕府将軍となる。摂家将軍の始まり。以後幕府滅亡まで、藤原摂家将軍、皇族将軍が就任
四条	1232	御成敗式目を制定
後嵯峨	1242	北条経時、執権となる
	1244	摂家将軍に藤原頼嗣が就任
後深草	1246	後嵯峨上皇、院政開始

鎌倉時代

天皇	年	出来事
	1247	宝治合戦、三浦泰村の乱
	1252	宗尊親王が6代将軍となり、皇族(親王)将軍の始まり
亀山	1259	後嵯峨の命により、亀山天皇へ譲位
	1268	高麗使、フビライの国書をもたらす
	1272	後嵯峨上皇没。亀山上皇の院政開始。以後、大覚寺統(亀山の系統)と持明院統(後深草の系統)との対立が始まる
後宇多	1274	文永の役、元軍が九州に来襲
	1276	長門探題を設置
	1281	弘安の役、元軍、九州に再襲
	1285	霜月騒動、安達泰盛敗死
伏見	1290	浅原為頼らによる、伏見天皇暗殺未遂事件
	1293	平頼綱の乱、頼綱敗死
後伏見	1298	伏見天皇が譲位、上皇となる(持明院統優勢)
後二条	1301	後伏見天皇が譲位。後宇多上皇の院政となる(大覚寺統優勢)
花園	1308	後二条天皇死去。大覚寺統の尊治親王(のちの後醍醐天皇)が皇太子になる。最初は伏見上皇、のちに後伏見上皇の院政
	1317	文保の和談

時代	天皇	年	出来事
鎌倉時代	後醍醐	1318	花園天皇が譲位。後宇多上皇の院政
		1321	後宇多上皇の院政を廃止。後醍醐天皇親政。記録所再興
		1324	正中の変(後醍醐天皇の倒幕計画、失敗)
		1331	元弘の変(後醍醐天皇の再度の倒幕計画、失敗) 楠木正成、河内で挙兵。持明院統の光厳天皇、即位
	光厳	1332	後醍醐天皇、隠岐に配流。護良親王、吉野で挙兵 赤松則村、播磨で挙兵。
		1333	後醍醐天皇、隠岐を脱出し伯耆へ。足利高氏ら、六波羅を攻略。新田義貞、鎌倉を攻略。 北条高時ら自刃、鎌倉幕府滅亡。後醍醐天皇、光厳天皇を廃し、京都に還幸。 恩賞方、雑訴決断所・武者所を設置
南北朝時代・室町時代	後醍醐	1334	後醍醐天皇、建武と改元
		1335	中先代の乱、足利尊氏らにより鎮圧
	後醍醐 光明(北朝)	1336	足利尊氏、京都に入るも、北畠顕家らに敗れ、九州へ。 態勢を立て直して九州より東上、摂津で楠木正成らを破る。 尊氏、光明天皇を擁して京都へ入る。尊氏、建武式目を発表。 後醍醐天皇、京都を脱出し吉野へ(南北朝対立)
		1338	北畠顕家、新田義貞敗死。尊氏、征夷大将軍となる
	後村上 光明(北朝)	1339	後醍醐天皇没。北畠親房(顕家の父)、常陸小田城で『神皇正統記』執筆
		1348	楠木正行(正成の子)敗死

南北朝時代・室町時代

後村上	崇光（北朝）	1350	観応の擾乱（～1352）、尊氏・直義兄弟不和に
後村上	崇光（北朝）	1351	高師直、殺害。正平一統、後村上天皇、北朝の崇光天皇を廃し、北朝消滅
後村上		1352	足利直義、殺害。南朝方、北朝方の上皇、天皇を拉致。吉野へ
後村上	後光厳（北朝）	1352	半済令発布
後村上	後光厳（北朝）	1358	尊氏没。義詮が2代将軍に
後村上	後光厳（北朝）	1361	征西将軍懐良親王、大宰府に入る
後村上	後光厳（北朝）	1363	直冬（直義の子）派の山名時氏、幕府に寝返る
長慶	後光厳（北朝）	1368	足利義満、3代将軍に
長慶	後光厳（北朝）	1370	幕府、今川了俊を九州探題に任命
長慶	後円融（北朝）	1372	今川了俊、征西将軍幕府を攻略し、九州征圧
長慶	後円融（北朝）	1378	義満、室町の「花の御所」に移る
後亀山	後小松	1390	土岐康行の乱
後亀山	後小松	1391	明徳の乱（山名氏清敗死）
後亀山	後小松	1392	南北朝合体
後小松		1394	義持、4代将軍に
後小松		1399	応永の乱（大内義弘敗死）

室町時代・戦国時代

	１４０１	義満、第１回遣明船派遣
	１４０４	勘合貿易開始
	１４０８	義満没
	１４１１	義持、明との国交中断
称光	１４１９	応永の外寇（朝鮮、対馬に侵攻）
後花園	１４２８	正長の徳政一揆
	１４２９	義教、６代将軍に
	１４３２	明と国交回復
	１４３８	永享の乱（鎌倉公方・足利持氏敗死〜１４３９）
	１４４１	嘉吉の変（義教殺害）、嘉吉の徳政一揆
	１４４９	義政、８代将軍に
後土御門	１４６７	応仁の乱（〜１４７７）
	１４８５	山城の国一揆（〜１４９３）
	１４８８	加賀の一向一揆（〜１５８０）
	１４９３	北条早雲、堀越公方を滅ぼす
後柏原	１５１０	三浦の乱（朝鮮在留日本人の乱）

時代	天皇	年	出来事
室町時代・戦国時代		1523	寧波の乱（細川・大内両氏の争い）
	後奈良	1543	ポルトガル人種子島に漂着、鉄砲伝来
		1551	陶晴賢、大内義隆を殺害
	正親町	1560	桶狭間の戦い
		1561	第四次川中島の戦い（1553〜1564）
		1565	将軍義輝、松永久秀らに殺害される
		1568	織田信長、将軍義昭を奉じて京都に入る
		1570	姉川の戦い、石山合戦（〜1580）
		1571	信長、比叡山焼き討ち
		1573	信長、将軍義昭を追放、室町幕府滅亡
		1575	長篠の戦い（信長・家康軍、武田勝頼を破る）
		1576	信長、安土城築城（〜1579）
		1580	石山合戦終わる（信長、本願寺を屈服させる）
		1582	武田勝頼敗死（武田氏滅亡）。本能寺の変（信長自刃）。山崎の合戦（明智光秀敗死）。清州会議。太閤検地の開始（〜1598）
		1583	賤ケ岳の戦い（柴田勝家自刃）。秀吉、大坂城築城（〜1588）
		1584	小牧・長久手の戦い（秀吉、信雄・家康と和睦）。スペイン人平戸に来航

安土・桃山時代		1585	秀吉、紀伊、四国平定。関白となる
	後陽成	1586	秀吉、太政大臣となり、後陽成天皇より豊臣の姓を賜る
		1587	秀吉、九州平定。バテレン追放令発布。聚楽第完成
		1588	秀吉、刀狩令、海賊取締令発布
		1590	秀吉、小田原攻め（北条氏滅亡）。 家康、関東に移封。奥州平定（秀吉54歳で、全国統一完成）
		1592	文禄の役（～1593）、秀吉、朝鮮に出兵
		1596	サン・フェリペ号事件（26聖人殉教）
		1597	慶長の役（～1598）
		1598	秀吉没、朝鮮より撤兵
		1600	関ケ原の戦い
		1603	家康、後陽成天皇より征夷大将軍の宣下。江戸に幕府を開く
		1605	家康、将軍職を秀忠に譲り大御所となる
		1607	家康、駿府（静岡市）に移る
		1609	己酉約条（朝鮮との貿易再開）
	後水尾	1611	後陽成天皇、政仁親王へ譲位。後水尾天皇となる
		1613	キリスト教禁止を全国に布告

江戸時代

天皇	年	出来事
	1614	大坂冬の陣
	1615	大坂夏の陣。一国一城令、武家諸法度、禁中並公家諸法度などを制定
	1616	家康没（75歳）
	1623	秀忠、将軍職を家光に譲り大御所となる
	1627	紫衣事件（～1629）
	1629	後水尾天皇、興子内親王（母は秀忠の娘・和子）に譲位。称徳天皇以来、859年ぶりの女帝誕生
明正	1633	奉書船以外の海外渡航禁止
	1635	参勤交代の制度化
	1637	島原の乱（～1638）
	1639	ポルトガル船の来航禁止
	1641	平戸のオランダ商館を長崎出島に移す（鎖国）
後光明	1643	明正天皇が譲位して後光明天皇即位、後水尾上皇の院政となる
	1654	後光明天皇、疱瘡で急死
後西	1657	明暦の大火（振袖火事）
霊元	1665	諸宗寺院法度、諸社禰宜神主法度
	1673	分地制限令

江戸時代		
	1680	綱吉、5代将軍となる
	1685	生類憐みの令（～1709）
	1687	東山天皇に譲位、霊元上皇となり院政をとる
東山	1693	東山天皇が17歳となり、霊元上皇政務を委譲する
	1702	赤穂事件
中御門	1709	生類憐みの令廃止。新井白石の登用（正徳の治）
	1710	閑院宮家の創設
	1716	徳川宗家が絶え、紀伊藩から吉宗を迎え8代将軍となる。享保の改革（～1745）
	1719	相対済し令
	1721	目安箱設置
	1722	上げ米の制実施（～1730）、小石川養生所設置
	1723	足高の制
	1732	享保の飢饉
桜町	1742	公事方御定書制定
桃園	1758	宝暦事件（竹内式部逮捕）
後桜町	1762	桃園天皇死去により、姉の智子内親王が即位し、後桜町天皇となる
	1767	明和事件（山県大弐を死罪、竹内式部流罪）

時代	天皇	年	出来事
江戸時代	後桃園		
	光格	1782	天明の飢饉（〜1787）
		1783	浅間山の大噴火
		1787	松平定信が老中となる（寛政の改革〜1793）
		1789	尊号事件
		1790	寛政異学の禁
		1792	ラクスマン、根室に来航
		1808	フェートン号事件
	仁孝	1824	大津浜事件
		1825	異国船打払令
		1833	天保の飢饉（〜1839）
		1837	大塩平八郎の乱。モリソン号事件
		1839	蛮社の獄
		1841	天保の改革（〜1843）
		1842	薪水給与令
	孝明	1853	ペリー、浦賀に来航。プチャーチン、長崎に来航

時代	天皇	年	出来事
江戸時代	孝明	1854	日米和親条約、日英和親条約、日露和親条約
		1856	米総領事ハリス、下田に着任
		1858	日米修好通商条約、ほかオランダ、ロシア、イギリス、フランスとも修好通商条約を締結。安政の大獄(～1859)。孝明天皇が水戸藩に戊午の密勅を下す
		1860	桜田門外の変。五品江戸廻送令。和宮の降嫁を勅許
		1862	坂下門外の変。生麦事件
		1863	攘夷決行。薩英戦争。八月十八日の政変
		1864	禁門の変(蛤御門の変)。第1次長州征討。四国艦隊下関砲撃事件
		1865	第2次長州征討
		1866	薩長同盟。将軍家茂没、長州再征中止。孝明天皇急死
	明治	1867	大政奉還。王政復古の大号令、小御所会議
		1868	鳥羽・伏見の戦い(戊辰戦争開始～1869年5月) 五箇条の御誓文、神仏分離令、江戸を東京と改称、明治天皇即位、一世一元の制(慶応を明治と改元)
		1869	東京遷都。版籍奉還
		1870	平民の苗字(名字)を許可
		1871	新貨条例、廃藩置県、戸籍法公布(華族・士族・平民の3族籍)。 日清修好条規、散髪(散切り)・脱刀を許可、岩倉使節団派遣

明治時代

1872	田畑永代売買の解禁、横浜にガス灯点灯、新橋—横浜間の鉄道開業、太陽暦採用、琉球藩の設置
1873	徴兵令公布、地租改正条例公布、征韓論破れる
1874	民撰議院設立の建白
1875	元老院、大審院、地方官会議を設置。樺太・千島交換条約。江華島事件
1876	日朝修好条規、廃刀令
1877	西南戦争、国家神道の確立
1880	国会期成同盟
1881	明治天皇・北海道巡幸。国会開設の勅諭、明治十四年の政変。松方財政開始
1882	日本銀行設立、自由民権運動の激化（～1885年）
1885	天津条約、内閣制度発足。日本銀行、銀兌換銀行券を発行、銀本位の兌換制度確立
1889	大日本帝国憲法制定
1890	第1回総選挙、教育勅語発布
1891	足尾鉱毒事件
1894	日英通商航海条約調印、日清戦争（～1895）
1895	下関条約調印、三国干渉

時代	年	出来事
明治時代	1897	金本位制の確立
	1899	改正条約実施（治外法権撤廃）
	1900	治安警察法、北清事変
	1902	第1次日英同盟協約締結、教科書疑獄事件
	1904	日露戦争（～1905）、第1次日韓協約
	1905	第2次日英同盟協約、ポーツマス条約
	1906	南満洲鉄道株式会社設立
	1907	第3次日韓協約
	1909	伊藤博文暗殺される
	1910	大逆事件、韓国併合
	1911	日米通商航海条約（関税自主権の回復）。辛亥革命。 明治天皇勅裁「南朝が正統な皇統」
大正	1912	明治天皇没、大正天皇即位。中華民国成立、清朝滅亡
	1913	第1次護憲運動（大正政変）
	1914	ジーメンス事件。第1次世界大戦勃発、日本はドイツに宣戦布告して参戦
	1915	中国に21カ条の要求
	1917	金輸出禁止、石井・ランシング協定調印

時代		年	出来事
大正時代		1918	シベリア出兵、米騒動
		1919	ヴェルサイユ条約調印。陸軍から独立して関東軍となる
		1921	ワシントン会議開催、四カ国条約調印
		1922	ワシントン海軍軍縮条約・九カ国条約調印。シベリア撤兵完了
		1923	関東大震災、虎ノ門事件(皇太子・裕仁親王が襲撃される)
		1924	第2次護憲運動
		1925	普通選挙法、治安維持法
昭和時代		1926	大正天皇没。摂政だった裕仁親王が即位
		1927	金融恐慌
		1928	第1回普通選挙、張作霖爆殺事件。パリ不戦条約調印
		1929	昭和天皇に叱責され田中義一内閣総辞職
	昭和	1930	金輪出解禁、これにより昭和恐慌に発展 ロンドン海軍軍縮条約調印、統帥権干犯問題が起こる
		1931	柳条湖事件、満州事変勃発
		1932	上海事変、血盟団事件、満州国建国宣言。五・一五事件、犬養毅首相暗殺
		1933	国際連盟脱退通告
		1934	ワシントン条約破棄をアメリカに通告

昭和時代

昭和

1935	天皇機関説事件、国体明徴声明により天皇機関説は国体に反する学説として排撃。 相沢事件（皇道派と統制派の対立が表面化）
1936	二・二六事件、日独防共協定
1937	盧溝橋事件（日中戦争勃発）、日独伊防共協定
1938	国家総動員法公布
1939	ノモンハン事件、日米通商航海条約破棄を通告される、第2次世界大戦勃発
1940	北部仏印進駐、日独伊三国同盟成立
1941	日ソ中立条約締結、南部仏印進駐、ハワイ真珠湾奇襲攻撃、太平洋戦争勃発
1942	ミッドウェー海戦敗北
1943	ガダルカナル島撤退
1944	サイパン島陥落、グアム島陥落
1945	ヤルタ会談。東京大空襲、硫黄島陥落。 沖縄本島占領。ドイツ無条件降伏。広島に原爆投下。ソ連参戦。長崎に原爆投下。 ポツダム宣言受諾。天皇終戦の詔書放送。天皇とマッカーサー元帥の会見。 五大改革指令、財閥解体、農地改革、衆議院議員選挙法改正（婦人参政権）、 労働組合法公布
1946	天皇の「人間宣言」、地方巡幸（～1954） 公職追放令、極東国際軍事裁判開始、日本国憲法公布

昭和時代	
1947	日本国憲法施行
1950	朝鮮戦争勃発
1951	サンフランシスコ平和条約・日米安全保障条約調印
1952	保安隊発足
1954	自衛隊発足
1956	日ソ共同宣言、国際連合加盟
1960	日米新安全保障条約調印
1964	OECD加盟
1965	日韓基本条約調印
1971	沖縄返還協定調印
1972	日中共同声明発表
1976	ロッキード事件
1978	日中平和友好条約調印
1987	国鉄分割民営化
1988	リクルート事件
1989	昭和天皇没、明仁親王即位

参考文献（順不同）

◆吉田孝著『歴史のなかの天皇』（岩波新書）
◆ドナルド・キーン著『明治天皇を語る』（新潮新書）
◆笠原英彦著『明治天皇　苦悩する「理想的君主」』（中公新書）
◆本郷和人著『天皇はなぜ生き残ったか』（新潮新書）
◆本郷和人著『天皇はなぜ万世一系なのか』（文春新書）
◆歴史教育者協議会編『知っておきたい　天皇のいま・むかし』（学習の友社）
◆安田浩著『近代天皇制国家の歴史的位置』（大月書店）
◆熊谷公男著『大王から天皇へ』（講談社）
◆大津透著『天皇の歴史01　神話から歴史へ』（講談社）
◆佐々木恵介著『天皇の歴史03　天皇と摂政・関白』（講談社）
◆河内祥輔・新田一郎著『天皇の歴史04　天皇と中世の武家』（講談社）
◆藤井讓治著『天皇の歴史05　天皇と天下人』（講談社）
◆藤田覚著『天皇の歴史06　江戸時代の天皇』（講談社）
◆渡部泰明・阿部泰郎・鈴木健一・松澤克行著『天皇の歴史10　天皇と芸能』（講談社）
◆笠原英彦著『歴代天皇総覧』（中公新書）
◆高森明勅監修『歴代天皇事典』（ＰＨＰ文庫）
◆歴史群像編集部編『歴代天皇本紀・抄伝』（学研Ｍ文庫）

著者略歴

河合　敦（かわい・あつし）

1965年東京生まれ。青山学院大学史学科卒業、早稲田大学大学院博士課程単位取得満期退学(日本史専攻)。現役の高校教師として日本史を教えるかたわら、歴史研究家、歴史作家として執筆活動を行う。早稲田大学非常勤講師もつとめる。第17回郷土史研究賞優秀賞、第6回NTTトーク大賞優秀賞受賞。「世界一受けたい授業」(日本テレビ)の講師などテレビにも多数出演。主な著書に『岩崎弥太郎と三菱四代』『復興の日本史』『読めばすっきり！よくわかる日本史』など多数。

イラスト・マンガ／イナエノマ

角川 SSC 新書 160

読めばすっきり！
よくわかる天皇家の歴史

2012年9月25日　第1刷発行

著者　河合　敦
発行者　馬庭教二
発行　株式会社 角川マガジンズ
〒102-8077
東京都千代田区富士見1-3-11　富士見デュープレックスB's
編集部　電話03-3238-5464
発売　株式会社 角川グループパブリッシング
〒102-8177　東京都千代田区富士見2-13-3
販売部　電話03-3238-8521
印刷所　株式会社 暁印刷
装丁　Zapp! 白金正之

ISBN978-4-04-731583-9

落丁、乱丁の場合は、お手数ですが角川グループ受注センター読者係までお申し出ください。送料は小社負担にてお取り替えいたします。

角川グループ受注センター読者係
〒354-0041
埼玉県入間郡三芳町藤久保550-1
電話049-259-1100（土、日曜、祝日除く9時～17時）